LIVES OF
CHINESE
IN AMERICA

林世钰 著

美国岁月

华裔移民口述实录

新华出版社

图书在版编目（CIP）数据

美国岁月：华裔移民口述实录 / 林世钰著．
北京：新华出版社，2016.8
ISBN 978-7-5166-2772-3

Ⅰ．①美… Ⅱ．①林… Ⅲ．①华人－移民－概况－美国 Ⅳ．① D771.238

中国版本图书馆 CIP 数据核字（2016）第 197843 号

美国岁月：华裔移民口述实录

作　　者：林世钰

| 责任编辑：张　谦 | 责任印制：廖成华 |

装帧设计：今亮后声 HOPESOUND pankouyugu@163.com

出版发行：新华出版社
地　　址：北京石景山区京原路 8 号　　邮　编：100040
网　　址：http://www.xinhuapub.com
经　　销：新华书店
购书热线：010-63077122　　中国新闻书店购书热线：010-63072012

印　　刷：北京文林印务有限公司

成品尺寸：140mm×210mm　1/32
印　　张：9.75　　　　　　字　　数：200 千字
版　　次：2016 年 10 月第一版　印　　次：2016 年 10 月第一次印刷

书　　号：ISBN 978-7-5166-2772-3
定　　价：36.00 元

图书如有印装问题请联系：010-63077101

东方涂钦 | 序

一苇杭之

世钰终于下定决心去美国了。

走之前我们聊过多次,她似乎有过留下的期许,但更有离开的决毅。这种游离主要缘于她在自己的事业和相夫教女之间,产生过些许犹豫。远离家国,对许多人来说毕竟不算个小事儿。但客观现实一旦明晰,主观选择也就不是问题了。关键是,她明白了原来的生活并不是她所要的,她理想的生活是:可以睡到自然醒,可以不用看谁脸色,可以穿上宽松的亚麻长裙,戴上叮叮当当的耳坠,挎上硕大的手工布包,在愿意停留的地方随意停留。这才是她期许的方式。

在家园与他国之间,看似遥远的距离,其实只是心理的距离,"谁谓河广?一苇杭之"。于是在一年多前,她潇洒地一挥手,似借一苇而越洋,漂去了彼岸。期间她回国几次,好像我们只见过一次,就在她家附近的一个素食馆,东拉西扯,聊些什么不记得了,但反正她没告诉我，除了相夫教女，她还做些什么，我竟然也没问。

元旦前她忽然发来许多采访手稿，并告诉我这是她一年多来在美国采访的各界人士，准备结集出版。我这才知道，原来这一年多来她没闲着，延续了她在国内的职业，走过了许多地方，结交了许多朋友，码下了许多文字。这是她自我充实的方式，也是她自我实现的方式，丰富着并多彩着，好象很随意很简单，"一苇杭之"，收获了这一本书。看完这些文字，心里不禁赞叹：挺好的！

说实话，这些文字背后的故事各有精彩，但我关注出国后的世钰，甚于这些文字本身。

同事多年，比较了解她的个性。早些年，青春勃发的她不乏四溢的激情，无数次为民请命，冒着危险去采访血与泪的案件、事件，生命中是满满的新闻理想与济世情怀。但与现实的冲突多了，她内心里倒似乎愈加沉静下来，磨炼出一股迥异于前的风情。近些年她自由而散淡、抒情又素馨，从福建大山走出来的女子，就像来自福建的水仙一样，一钵清水养出了简约幽雅的气质，做事做人没有太多的纠结。我倒觉得，这才是本真的她！

一年多来经常关注她的朋友圈，知道她东跑西走，在美国大街小巷转悠着，发些他国风物、异乡美景，以为她相夫教女之外，就游走着、茶咖着了。没想到，她一直在续写自己的故事，这些故事都在这些采访中了。我觉得这些故事，是她寻找美国、认识美国的过程，其实也是她重识自我、重塑自我的过程。一年多的时间，她采访着、经历着、思考着，从她的手札能明显感觉到，她应该是有所得、有所觉了，她透彻地明了了"此心安处是吾乡"，内心更加澄明疏阔。因觉而得，还有什么比这更有意义的人生体验么?

　　说到底,人的一生就是一个体验的过程,无论是何种选择、通达何处,都只是在一路上感受着而已。大部分人喜甜厌苦,通达的人顺甜顺苦,觉悟的人无甜无苦!对于已经可以随遇而安的世钰来说,她应该是无异国、无他乡了吧?忽然想起了十年前送给朋友小石头的一首诗,首句是"欲渡彼岸无此岸",我想世钰也许会有同感?因为她的"一苇杭之",应该是无往无返的,在人生的体验上,她大约达到了自由的境地。

　　所以真诚地祈愿她:身处无常世界,心里觉得大自在、大吉祥!

东方涂钦
(诗人,艺术家)
2016年1月6日

邝治中 | 序

用非批判性方式客观呈现移民生活

这本书收录了一系列在美国的中国移民访谈纪录,选取的受访对象,为在中美恢复建交关系后,移民来美的中国移民。本书希望透过这些口述历史故事,呈现中国移民在美国所面临的问题和困境。同时,反映当代美国的一些问题。

本书作者林世钰以"反直觉"(counter-intuitive)式的方法进行访谈写作。通常选用该法的作者,都曾在美国居住相当长时间。也正因此,他们能够结合自身的经验,选择符合议题的面谈对象,提出精准的问题。

然而,林世钰在美国居住不过两年多。她表示在美国居住的两年,相当紧凑充实。这两年期间,她在好奇心的驱使下，全方位观察和学习美国的一切。她相信自己这两年多旅居美国的经验，能够为渴望了解美国的中国读者带来贴近他们的观点和视野。事实上，本书收录的访谈来自作者本人平日生活中接触的对象；在访谈过程中，作者能够以不打断受访者的访问方式，让他们与作者进行对话。本书收录的访谈呈现清新风格，同时却又点出议题的急迫性。

从这些采访中我们可以发现，美国对于那些能够调整适应和愿意努力的人，是一个充满机会的地方。访谈中的新移民，都能在克服移民初期的困难后，成功地在美建立新生活。即使是较年长才移民来美的，也能够找到利基生存下来，从中寻求到生活新的意义。许多人在美国找到人生的"第二机会"；有些人则觉得美国生活压力小，更能够拓展发挥个人才华。

本书像是一本"美国梦"故事集锦，但书中每位受访者多少都意识到种族偏见问题的存在，尽管只有少数人明确以"种族偏见"这个词汇形容自己面对的问题，或是透露面对该问题的各种辛酸。

林世钰采用非批判性的方式客观呈现受访人物的移民生活。尽管这些移民故事都是耳熟能详的老故事，甚至，有经验的作者能够选取更具代表性的人物来挖掘更深层的故事。但是，书中收录的访谈，仍然可以为中国读者带来具有价值的观点和视野。

　　本书内容丰富，符合当代潮流，不容置疑地为美国华人文学作出贡献。

邝治中
(纽约城市大学亨特学院卓越教授)
2016年3月9日

林世钰 | 自序

嘿,姐们儿,恭喜你,终于成人才了!

2014年3月19日,当我从工作了14年的报社辞职、把个人档案存进北京市人才交流中心时,对自己微笑了。

自由来得太突然,以至我站在北京三元桥地铁口时不知所如。环顾周围,人潮汹涌,花朵艳丽,树木葳蕤。三月的空气里,有一种腐烂与新生夹杂的味道。

长安居,大不易。16年的京城岁月,有青春欢畅,也有泪水滂沱。有"粪土当年万户侯"的激昂,也有"微斯人,吾谁与归"的寂寥。但是,Anyway,旧事已过,万象更新。上帝在关键时刻把我从万丈雾霾中提溜起来,扔到了大洋彼岸的美国。

于是,人生的第二个二十岁就这样跌跌撞撞、莽莽苍苍地开幕了。

背景音乐是无主题变奏曲，慢弦转急弦，嘈嘈切切错杂弹。

　　初到美国，万事皆新，万物皆好。天上流动的云，地上跳跃的松鼠，商场里性价比极高的商品，为我 hold door 的公寓保安，夸我围巾漂亮的图书管理员……每天，我都在心里感叹：美国怎么可以这么好！于是，我像个初入大观园的刘姥姥，兴冲冲地告诉国内的朋友：这里太好了！你们快过来看看吧！

　　一年后，我才知道，我只看到了生活的表象，美国比我所看到的丰富得多，也复杂得多。呼吁众生平等，但也不乏种族歧视；政府为纳税人服务，但也不乏贪腐；医院不计成本救死扶伤，但也不乏开出天价账单；它盛产扎克伯格这样"一掷亿金"为公益的良心富豪，但也不乏与十几个美女同居一室的败金富豪……于是当年夏天回国时，有人问我，什么是真正的美国？我谨慎地回答：我也在寻找答案。

　　年轻时，我知道美国有杰克·凯鲁亚克的小说《在路上》，有歌手鲍勃·迪伦吟唱的《答案在风中飘荡》，有黛米·摩尔主演的《人鬼情未了》，有马丁·路德·金博士的"我有一个梦想"……可那是一个从现实中抽拔出来的美国，它的美丽与哀愁都是在生活之上的，我更想知道的，是一个红尘滚滚、烟熏火燎的世俗美国。

　　2015 年 2 月，我和一个来美十几年的朋友聊天，听她诉说自己当年的挣扎，突然想到，这些在美国打拼多年的华人，对于什么是真正的美国才有真正的发言权。于是，在好奇心的驱使下，我萌发了写作此书的念头。初来乍到，英文结结巴巴，点餐时把"dressing（调料）"都听成"dresses（连衣裙）"，开车上高速腿还有点抖，可是却斗胆开始了这本书的采访和写作。正所谓"无知者无畏"。

有人说过这样一句话：一旦你真正想做什么，上帝总会给你开出一条路。诚哉斯言！在写作本书的过程中，我真地体会到了上帝的带领。他在我身边放置了很多可爱的人，并制造了种种机缘，让我认识他们，分享他们的精彩人生。

比如刘强先生，我们是在一家日本餐厅认识的。互留电话后，他邀请我们一家到他家里做客。刘妈妈每次都给我包饺子，做可口的唐山菜。他那对可爱的儿女，总是在我们膝前绕来绕去，和我们亲得不得了。

比如顾敏女士。我们的女儿跟同一个老师学古筝，由此认识了。她美丽动人，豪爽大气，而且和我一样喜欢叮叮当当的民族风耳坠。每次孩子在学琴时，我们就天马行空地聊天。当年虽然某个时段同在北京，但无缘交集，如今却在异国成为朋友。真是上帝的厚赐呀！

比如叶瑞玲女士。2013 年，先生带队参加美国中资企业乒乓球比赛，比赛场地就在她经营的俱乐部，由此认识了她。一听我要采访她，这个全美杰出乒乓球教练欣然答应，和我分享了自己跌宕起伏的精彩人生。她的爽朗和热情给我留下了深刻印象。

……

在选择采访对象上，我力求行业的广泛性，所以，采访对象涵盖了大学教授、乒乓球教练、移民培训公司老板、医生、餐馆老板、IT 工程师、家庭教师、房产经纪人等职业。他们的人生，有的跌宕起伏，有的波澜不惊，但无论是何种形式，他们作为一个彻头彻尾的外国人，在这片陌生的土地上都经历了挣扎、破碎和重塑，都有着自己对美国社会的独特体悟。

在他们眼中，美国显而易见的好，如尊重个性、遵守秩序、崇尚法治等，他们感受到了，但是，美国的幽暗之处，比如种族歧视、警察钓鱼执法、政府办事拖沓等，他们也有不同程度的体会。一千个人眼中，有一千个哈姆雷特，同样，一千个人眼中也有一千个美国。也许，正是因了这些不同，才拼凑出一个完整、真实的美国社会版图。

感谢每个接受我采访的朋友，你们对我这样一个突如其来的人敞开了真实的自己，甚至在我面前哭、面前笑。薄情世界，因了你们的这份信任而婉转有情。这份信任我视若珍宝！真心谢谢你们！也希望这些定格在纸上的故事，是一部人生小传，载得动你们某段悲喜人生。他年如果重翻此书，能与过去的自己重逢。

我承认，就凭这本书，无法告诉读者一个真实的美国。但是每个人的真实故事，或许可以让读者知晓：美国既不是天堂，也不是地狱，它只是人间，和你此时生活的此地一样。只要有人的地方，必然有爱恨情仇，有生命的起承转合，玫瑰和枪炮并存，光明和幽暗共生，我们无需羡慕，亦无需抵触。任何一个国家，任何一个社会，任何一种生活，都有它的可爱和不完美之处。我们必须要通过亲历、通过思考，才能得出自己的结论。

此书写作，历经了春夏秋冬的四季流转，个中甘苦，我心自知。其间最大的收获是，我结识了一拨朋友，他们在我初到美国的这段艰难时光，给了我很多帮助。此外，不经意间车技飞涨。以前我不敢开车出远门，只是在小镇附近转悠。今年以来，因为采访的缘故，不得不硬着头皮自己开车出远门。一来二去，现在竟也来去自如，开始享受在美国开车的乐趣了。

不过有得有失,由于用眼过度,今年夏天,我的右眼被诊断得了"飞蚊症",每天一睁眼,眼前就有无数"蚊子"在闪烁。它们似乎在提醒我:大江茫茫去不还,光阴所剩不多,赶紧抓紧时间做自己想做的事情吧!

橄榄不压榨哪能出油?我知道自己也在面临着破碎和重塑。上帝啊,如果这注定是我的杯,我就仰头喝了吧,然后抹抹嘴:再来一杯!

完稿已是岁末。圣诞节前夕的纽约,热闹非凡。著名的第五大道上,每个橱窗都装点得如此美丽,宛如童话世界,让人不忍惊扰。走在不同肤色的人群当中,我知道自己是真的身处异国他乡了。看完了异国他乡的琴棋书画诗酒花,到了最后,剩下的一样是柴米油盐酱醋茶。日暮乡关何处是,此心安处是吾乡。明白了这一点,我内心突然一片澄澈,有种"唯见江心秋月白"的疏阔。

于我而言,生命是一条浩浩荡荡的河流,一直向前,永不回头。我愿意把故乡揣在兜里,听凭命运把我带往任何地方。无论在哪里,我都会找一个自己最舒服的姿势,坐看云起,且听风吟。

林世钰

2015年12月30日

于美国新泽西州锡考克斯市哈蒙湾公寓

目录

东方涂钦　序　/　邝治中　序　/　林世钰　自序

徐蕾：我在美国学会了 enjoy ………………………… 003
顾敏：喜欢跳舞的房产经纪 ………………………… 021
黄曦：荣登美国名人录的中国"铁人" ……………… 047
刘强：京剧丑角的美丽人生 ………………………… 073
李炳臣：从半导体专家到餐馆老板 ………………… 099
Lucy Liu：在美国教中文 …………………………… 123
刘勇：在美国，每个人都是主流 …………………… 147
Jenny Lu：狂风暴雨分娩出满天晚霞 ……………… 167
Kent Zhou：一旦认定方向，上帝都会帮助你 …… 191
钟智齐：维修火车的"女汉子" …………………… 211
刘汉英：在华尔街传讲"道德经" ………………… 231
Lily Yip：把美国乒乓球带上巅峰 ………………… 251
王小萍：人生从 50 岁开始 ………………………… 271

后记……294

徐蕾

我在美国学会了 enjoy

履历：1974年出生于江苏省常熟市，1995年毕业于西安交通大学日语系，先后在江苏省常熟市纺织品外贸公司、上海毅石律师事务所工作。1999年陪读赴美，在 Detriot Wayne University 取得计算机硕士。毕业后在 Sybase, Federal Home Loan Bank 工作。育有二女，现居住在新泽西州 Glenridge。

采访时间：2015年2月13日，3月6日

采访地点：新泽西州 Secaucus 图书馆、哈蒙湾公寓

（一）两手空空来美国

◇ "在我所处的那个年代，美国对于大多数人来说是一个梦，它代表着物质的高度发达和精神的高度文明。我是个理想主义者，对未来满怀梦想，但到美国要做什么，真的还没有一个成熟的、具体的想法。"

来美国居然已经15年了，有时想起来觉得只是一瞬间。

我依然记得自己1999年来美国的情景。当时是3月，天气很冷，我是在底特律登陆的。从机场到校园的路上，只见路旁白雪皑皑，灰不溜秋的房子无声矗立着，街边有一两个黑人蒙头飘过，感觉挺恐怖的。到了Wayne University校园，见到和我年龄相当的学生，我的心才算踏实了一些。

穿旗袍的徐蕾婉约动人

当时我是一个涉世未深的姑娘，25 岁，no money, no skills, no friends，英语也不行。除了先我一年来的老公，手里的 F2 签证和两个行李箱，真的是两手空空。

站在冬季萧瑟的校园里，我一片茫然，不知所如。

在我所处的那个年代，美国对于大多数人来说是一个梦，它代表着物质的高度发达和精神的高度文明。我是个理想主义者，对未来满怀梦想，但到美国要做什么，真的还没有一个成熟的、具体的想法。

出国之前，我在国内工作了四年。我本科是西安交通大学，专业是日语，1995 年大学毕业时，轻而易举在老家找了一个外贸公司，当日语翻译。当时这家外贸公司效益非常好，在当地仅次于海关。在日语翻译少而又少的小城，临时翻译收入是一天一百元，一个月下来是三千多元。在常熟那个人均收入千把元的小城，日子过得还是很滋润的。

父母为了把我这个独生女留在身边，在单位附近为我买了一套房子。呼吸过大学新鲜空气的自以为是的我，背着双肩包，穿着溜冰鞋在城市穿梭而过，令人侧目。渴望自由、渴望飞翔的我和小城按部就班的气氛格格不入。我父亲当时是一家国营企业的领导，在当地也算是个有头有脸的人，你知道我从小就是个乖乖女，听父母的话，几乎没有违背过他们的意愿。也是一个好学生，一路都是三好生、优秀班干部，可是，往往是好孩子容易压抑自己，心里也有叛逆的种子，只是没有机会发芽，于是那时有了隐隐的要逃离父母管教的念头（笑）。加之那时外贸公司拉业务要请人吃吃喝喝，迎来送往，我是个初入社会的女大学生，学生气十足，清高、单纯，很不习惯这样的社会习气，觉得自己和他们不是一路人，心里觉得蛮别扭的。

工作一年多，我毅然决然，辞职去上海毅石律师事务所当日语翻译。这个律所不大，只有十几个人，但工作氛围很好，老板留过洋，比较开明，很器重我，待遇也不错，我干得挺开心的。干了一年多，我觉得应该挑战一下自己，就抱回一大摞律师考试的书，猛啃起来。我向来是个学习型的人，所以没费什么劲就通过了律师考试，而且还是律所第二名。老板知道后不相信，因为我不是学法律的，而且所里招的其他人都是华东政法学院的学生，我怎么可能考得比他们好？看了我的成绩单后，他才相信了。

可是，我拿了律师证，几乎还没开始执业，男友1998年出国了，第二年，我也跟着出国了。

人生就是这么奇妙，一段旅程还未展开，另一段旅程又开始了。如果我没有出国，可能会自己创业，做个体外贸或者独立执业律师。你知道我是一个比较喜欢挑战自我的人，而且干一行爱一行专一行（笑）。可是人生根本无法假设，你选择了这条路，就没办法走另一条路。其实在我看来，无论选哪一条路，都有不同的风景，right?

（二）学会"enjoy"

◇"只要能找到自己真正喜欢做的事情，人就能达到最好的精神状态。美国是人类文明比较发达的国家，所以人们更容易找到属于自己的乐趣。"

到美国后，毫无例外，第一件事就是过语言关。

我大学学的是日语，英语停留在高中水平。虽然底子还不错，可是要在美国生活、学习，还是差得很远。我记得当时有人向我打招呼：How are you？我在心里盘桓半天，应该回答 I am good 还是 I am fine？想了想，高中英语教科书上是后者，于是就翻着白眼，生硬地来了一句：I am fine, and you？后来才知道，美国人问 How are you，其实是普通的问候，你可以不用具体回答，只要微笑或者简单来句"Good"就可以了。

还有一次去快餐店点餐，说到薯条和番茄酱时，我想当然来了一个"potato bar"和"tomato sauce"，服务员懵了，不知道我要什么。连比带划半天后，他才知道我要的是薯条和番茄酱。后来我才知道,"薯条"的英文是"French fries","番茄酱"是"ketchup",不禁大乐。

凭着那样一口蹩脚的英语,我居然无知无畏地开始读研究生了。选专业也是一个很有意思的过程。拿着在国内准备好的申请材料,我去找先生学校负责招生工作的教授Silver Smith,他看到我本科专业是日语,就建议我学东方语言系。可是当时我想读的是计算机专业。虽然我之前在国内时从未想过读计算机,但到美国后发现计算机很吃香,工作非常好找,我认识的一些师兄,工作没几年就买车买房,每天谈着如何健身,如何提高网球技术等。出于现实考虑,我当时就想读这个专业。

我向Silver Smith说出了自己的想法,他很纳闷,问我为什么要读计算机,我郑重其事地回答:"为了将来养家。"他乐了,但是很不解——一个年轻女孩子怎么家庭责任感这么强?(笑)很感谢Silver Smith,他给了我选择的机会。他看了我在国内的材料,觉得还不错,就建议我先学两门计算机课程,期末看成绩如何再做决定。

就这样,我瞎打误撞地读了计算机专业。记得当时那两门课是数据库和电路设计。说真的,一开始,上课根本听不懂,坐在那里就当练习听力。老师提问,我也不敢回答,有时甚至连问题都听不懂。但作业还凑合,毕竟我的学习能力还可以。一到考试,我就背背提纲,做做例题,成绩反正还过得去。因为成绩还不错,Silver Smith就同意我继续学计算机专业了。

一年下来,我拿了个硕士,算是在美国有了找工作的敲门砖。那时美国经济形势很好,工作很好找,我投了一些简历,最后面试的居然有四五家公司，他们都想要我。最后我选择的是Sybase Inc.，这是一家专门做数据库的公司，当时华尔街公司50%的数据库都是它做的，在业内挺有名气。记得面试那天，坐在我对面的有5个人，我紧张得都不太敢看他们。他们轮流问我各种问题，除了技术术语，其他的我都听不懂。他们在面试中夹杂着笑话，彼此会意地大笑，我只能跟着傻笑（笑）。

我后来的部门经理当时也是面试人员之一，他看我有的问题答不上来，就微笑着提示我。他是一个典型的美国人，对生活的态度真的是enjoy，对我影响挺大，稍后我再慢慢说。

就这样，2000年秋天，我上班了。当时我所在的部门已经有两个中国人了，一个是复旦大学生物系的，是温州的高考状元，另一个是中科院的计算机系硕士。他们都非常优秀，工作勤奋，可能正是他们的优秀表现让公司对中国人有了良好印象，由此惠及了我，我的运气真的很不错（笑）。

刚上班的时候，我真的什么都不会，连最基本的DLL文件是什么都不清楚，更何况编程了。记得有一次，我写了几个小时的程序，结果还是出错了，闷头找了半天原因，还是不知道问题出在哪里。后来一个美国同事帮我检查了一下，发现是一个英语单词拼写错误。你看，多低级的错误！这就是当年的我！（笑）那时遇到不懂的地方，就猛问周围的同事，包括中国大拿，他们用中文术语解释，我要翻译成英文，颠来倒去，虽然比较痛苦，但倒也没什么太大压力，觉得编程挺好玩的。记得有一阵子，早上开车上班，脑子里还想着编程，挺兴奋的，有时甚至做梦都在编程。

可以说，当时还是中国式的"学海无涯苦做舟"的感觉，完全达到一种高境界的乐——忘我。记得有一次周末加班，做一个关于 accounting 的编程，把同事已经编好的程序搬过来重新调试，还是不行。正在抓耳挠腮时，我的经理走过来，轻轻说了句：Have fun！当时觉得，怎么可能 fun 呢，大周末的，别人去娱乐，我还在这里苦哈哈地加班！

在美国待的时间长了，你就知道，have fun、enjoy 是美国人最基本、最普遍的生活态度。比如我的经理，他周末也加班，但不为名利，而是因为自己真的喜欢工作的感觉，乐在其中。这是美国教育的一个结果。根据美国心理学家 Mihály Csíkszentmihályi 的理论，人最好的精神状态就是忘我。也就是说，人找到了自己最喜欢的事物，愿意为之投入自己的感情、精力，就可以把个人特质释放到极限。每个人的激情都是不一样的，有的人喜欢养狗，有的人喜欢画画，有的人喜欢奉献社会。只要能找到自己真正喜欢做的事情，人就能达到最好的精神状态。美国是人类文明比较发达的国家，所以人们更容易找到属于自己的乐趣。

（三）美国的价值观很多元化

◇ "在美国生活，你要有一颗坚韧、宽阔的心，一种随时迎接变化的心态，既可以享受人生巅峰，也可以承受人生低谷。无论人生有什么起伏，你都要怀着一种 enjoy 的心态，这样就会有不一样的收获。"

在公司度过一年比较平静的时光后，从 2001 年开始，随着美国整体经济形势下滑，公司也开始裁员了。在美国待的时间长了，你就会知道裁员、失业、再就业是很正常的事情，但是当时上班没几年，而且是从国内来的，觉得失业是件惊天动地的事情，心里特别有负担。

我所在的部门花了好几百万美元投资开发产品，但连续几年都没卖出去，公司承受不了巨额成本，开始裁员了。每天早上上班时，每个人都悄无声息地溜到自己的格子间，闷头工作，没有人开灯。下班时分，大家又悄无声息地离开。办公室弥漫着一股压抑、沉重的气氛。

我当时心理压力也很大，作为在国内过关斩将的天之骄子，到美国来，饭碗都保不住，多丢人哪！

当时，我们夫妻俩在美国还没立稳脚跟，我先生还在读书，经济状况不算太好，如果我失业了，家里情况就会比较糟糕。而且，我在国内的工作还算不错，如果在美国失业了，心理落差该有多大呀！

幸运的是，我被留下来了。而我们部门三分之一的人员都被裁了。一个女同事生完孩子，刚回来上班就被裁了。现在想想，可能是因为我技术水平低，拿的薪水低，公司觉得裁我也没太大意义，所以就把我留下了（笑）。

裁员这种事情，在国内很少见，只要你工作还过得去，饭碗一般都能保得住，相对稳定，所以一般人都不会有被解雇的顾虑。但在美国就不一样了，裁员和失业是一种常态，你随时都要做好思想准备，特别是经济形势不好的时候。所以在美国生活，你要有一颗坚韧、宽阔的心，一种随时迎接变化的心态，既可以享受人生巅峰，也可以承受人生低谷。无论人生有什么起伏，你都要怀着一种 enjoy 的心态，这样就会有不一样的收获。对于孩子的教育也是如此，应该培养他们面对挫折时的良好心态，可以承受失败。有一颗学习、开放的心，不要背负别人的期待，为别人活，而应该为自己活。

在这点上，中国和美国有很大的差异。中国社会是一个他信社会，大家很在乎他人的评价，经常会把自己的幸福建立在他人的评价上。而且幸福观有一个定式，比如要挣很多钱，当很大的官，要光宗耀祖，这样在人前才有面子。但美国不是这样的，它也不乏用物质来衡量幸福的人，但这不是唯一，大家的价值观很多元化。比如代表主流社会的比尔盖茨、"股神"巴菲特、Facebook 总裁马克·扎克伯格，他们挣了钱喜欢做慈善事业，回报社会，而不是追求生活的奢侈。而且他们做慈善不是为了追求名利，是人生到了一定境界，觉得金钱不能带来真正的幸福，应该反哺社会。我印象最深的是苹果公司的乔布斯，苹果改变了这个世界，但出现在公众面前的他，从来就穿着一件黑色套头 T 恤，非常朴素。他把更多的精力用在推动和改变这个世界方面，而非个人享乐。

这些美国社会的 leader（领袖）带领大家往前走，相信到了我们孩子这一代，社会会有更大改变。我一个朋友的女儿，今年 17 岁，已经开始思考生命的价值。她说，收入 5 万元与几千元给人带来的幸福感是不一样的，但 5 万元与 5 万元以上就没有太大区别了。她觉得金钱并不能给人带来真正的幸福，人应该追求更根本的幸福。她上学时，休学半年在北京一家孤儿院做志愿者。多了不起！这样的新生代让我很振奋，我从他们身上看到了希望。

但是你要承认，目前国内很多成年人对生命的领悟还没达到这个层次，还在物质层面打转和循环。上个世纪80年代，大家追求冰箱彩电，觉得家里摆上这些东西很有面子。现在水涨船高，追求别墅豪车，表现形式不一样，但本质没改变，都是物质。

但美国人不一样，不管是leader（领袖），还是普通老百姓，我从他们身上看到了不一样的精神。给你举个例子吧，今年2月某天早上7点多，我准备去上班，发现车没电了，于是敲开邻居的门。他是一个小型物业主。见了我，问：Can I help you？我说明了来意，他迅速找出连接电缆，出门帮我把车充上电。事后我问他：你帮了我大忙，我要如何感谢你？他微笑着说：我不需要你感谢我什么，你去帮助别人就好了！当时我特别感动，觉得心里被净化了。

在美国，人与人的关系比较放松，不紧张，你不需要有太多的戒备心，大多数时候是可以彼此信任的。这可能缘于大多数人有宗教信仰。

美国是个自由、独立、民主的国家，这种精神不是大而无当的，而是一种生活方式，在普通美国人身上都能看到。比如我工作的第一个公司，当时才成立20多年，非常年轻，有生气，代表了美国的先进文化。我的经理是个美国人，他冬天就两件衣服，一件羽绒服，一件公司搞活动时发的免费T恤。每天，他光着脚丫子，把桌子推到角落，埋头编程。但门一天都敞开着，我们随时可以进去找他。他因为埋头技术，对行政管理不太上心，后来被降职了，他也不以为然，照样enjoy自己的编程工作。他还收养了一个中国女孩，经常带她回中国感受中国文化。从他身上，我看到了一个人应该如何追求自己作为个体的存在价值，活出自己的特质。

在他身上,我还知道了什么是民主、平等。我先生麻省理工学院博士毕业后,有一段时间没有找到工作。我经理知道后,开玩笑说我老公是"Captive man"。我当时不知道是啥意思,回去查了字典才晓得,金屋藏娇!当时我又生气,又伤心,就给经理写了一封信,说,我很尊重你,你平时对我的工作支持也很大,但你的笑话伤害了我。他看到信以后,敲敲我的Cube的门,真诚地说:这只是一句玩笑,如果伤害了你,真的很抱歉,我现在向你道歉!他手下管着二十多号人,按照我们传统的观念,是个"官",完全不需要对下属这么做,但他却做了。这就是平等!

民主、平等已经成为公司的核心精神了。我公司的大老板隔一段时间就到餐厅和大家聊天,问大家对公司有什么意见和建议。我那时英文不好,不敢提问,只有听别人说的份。记得有一次,一个印度女同事很冲地问老板:我在旧金山一家报纸上看到一则消息,说你一年拿了很多分红,可公司的业绩并不好,这个你怎么解释?老板喝了一口水,定了定神,然后有理有据地解释他的收入由哪些构成。我们离去时,经理把那个提问的印度同事拉到一边,笑着说:"你选择公开的场合问这个问题,很聪明!"按照中国人的传统思维,作为公司大老板,一个下属当众给他难堪,他完全可以找个理由给他穿小鞋,或者干脆解雇他,但他没有也不敢。这件事给了我很大触动。

我现在这个公司是印度公司,从老板到中层,很多都是印度人。同事之间的关系比较透明、直接,很少有"办公室政治"。当然,也有一些人,为了得到空出的位置,压制手下人,突出自己。我也能理解,比如他有好几个孩子,要养家糊口。我们经理是个印度人,他把人生看得比较透彻,说,大家互相竞争没啥意思,不就是为了生存吗？他的这种思想反映到平时工作中，就是对我们很民主。有什么事情，总要先问我们：你怎么想？我们平时开会都是翘着二郎腿，一边吃东西，一边讨论问题，气氛很宽松（笑）。

（四）对女儿的美式教育

◇ "世界日新月异，她们（孩子）本身又很有个性，技术的发展使个性的发挥更具有可能性，她们可以选择更丰富的生活，我们根本无法安排她们的生活，所能做的就是让她们尽早独立生活，独立思想，自信地面对这个世界。"

可以说，在大女儿出生前，我都在忙着工作，拼命学技术，拼命想办法提高英文，根本没有时间停下来思考、感悟。真正的思考应该始自女儿四五岁时。那时她个性初显，非常倔强，嘴巴不饶人，我看她很不顺眼，心里挺纠结的。记得她当时迷上了百老汇音乐剧《狮子王》，天天像个女王似地哼唱：No one saying, "Do this", No one saying, "Stop that", Free to run around all day, Free to do it all my way。

在她心里，她就是她，根本不在乎别人的评价。她跟我的冲突也频频发生，我开始通过看书寻找答案，慢慢才知道，每个孩子来到世上，上天就给她设好了密码，每个孩子都不一样，有的在乎别人评价，有的活得很自我，这只是个性差异，而不好说有好坏之分，只能顺势引导。你想想，女儿出生在美国，和我有着文化、时代的双重差异，她不可能活在我的价值观里。她有自己的个性，这不是什么坏事。

由此反观我自己。我小时候生活在镇上，成绩非常好。班上有个来自农村的同学，衣服破破烂烂的，成绩也不好，但他经常会向大家显示父母如何如何爱他，一脸幸福。每次一看到他那个样子，我就质疑：你成绩那么不好，父母怎么可能爱你？当时的我，无形中就觉得，只有成绩好父母才爱你，爱是有条件的。所以小时候的我，一心扑在学习上，什么早恋呀逃课呀，想都没想过。回头想想，生活在中国那个时代和环境里，包括我在内的大多数人都太在乎别人的评价了，习惯通过别人的评价来获得自我认知。我们这一代人也有梦想，但被现实绑架了，不能按照自己的意愿生活。比如我，小时候的梦想是当一个老师，但因为成绩太好了，觉得考师大太亏了，因为当时老师社会地位不算太高，于是我就放弃了自己的梦想。如果在美国，孩子会坚持自己的梦想，家长也会鼓励他去实现自己的梦想。

我有两个女儿，我对她们的教育是比较美式的，如尊重她们个性的发展，注重品格教育等。我不是特别在乎她们掌握多少"技能"，比如钢琴过几级、会唱几首歌，而是关注她们性格和品格的发展，比如是否有勇气和毅力去选择并坚持自己喜欢的事情，是否有一颗爱别人的心，是否有勇气在别人都说"yes"的时候说"no"，是否对这个世界有好奇心，是否善于跟和你性格不同的人交流……我觉得，这些远比你会弹几个曲子、获过几次奖有意义得多，它决定了你将来能走多远。

去年夏天，我把7岁的女儿送到一个野外寄宿夏令营，那里远离市区，环境比较艰苦。在那里，她要学会和周围的小朋友相处，要学会处理很多问题，要学会独立生活，对她来说是个很大的考验和锻炼。回家后，她瘦了一圈，也黑了很多，我妈妈心疼得不行，怨我太狠心，瞎折腾孩子。我们这代人，特别又是在美国，和父母那一辈教育孩子的理念完全不一样。他们喜欢安排我们的生活，觉得这样才妥帖，才是可以看见的幸福。但是到我们孩子这一代就不一样了，世界日新月异，她们本身又很有个性，技术的发展使个性的发挥更具有可能性，她们可以选择更丰富的生活，我们根本无法安排，所能做的就是让她们尽早独立生活，独立思想，自信地面对这个世界。

如果留在国内，我挣的钱可能比现在多，有可比较、可看见的幸福，比如房子、车子，但是生活经历绝对没有现在丰富。在国内，一个中国人或者一百个中国人，生活方式、人生追求、思维方式基本是雷同的，但美国就不一样了，它是多元化的移民国家，一百个人来自不同的国家，他们的生活、文化、思维方式都不一样，和他们相处，可以开阔我的视野，丰富我的阅历，启迪我的思维。

就这点来说，我真的特别喜欢美国。

访谈手记：

徐蕾是我在美国认识的第一个朋友，也是我最好的朋友。

2013年夏天，我和女儿刚到美国不久，女儿去参加了一个夏令营。某天回来时手里拿着一张小纸条，说今天认识了一个中国小朋友，这是她妈妈留下的电话。出于好奇，我拨通了她的电话。电话里的她，声音柔和，但又干脆利索。

不久，她约我们到家里坐坐。到了她家里，只见个子娇小、容貌清秀的她举着硕大的网在捞游泳池里的飘浮物。她一边麻利地干活,一边和我聊天。也许是同龄的缘故,我们虽是初次见面,却一见如故。教育理念、人生信条、生活经历……两人聊得不亦乐乎。

期间,她的大女儿因为和别的孩子产生矛盾,哭着从游泳池里爬上来。徐蕾搂着她的肩膀,柔声安慰她。其耐心,其爱意,让我自愧不如。

后来知道,为了当好母亲,她在百忙之中还参加了新泽西父母子女教育俱乐部,还当过副主席,和很多高素质的华裔母亲探讨儿女教育之道。在她的邀请下,我参加过几次活动。每次活动,都见她忙前忙后,脸上放光,不亦乐乎。

她的两个女儿,没有上过一天中文学校,却说得一口流利的中文,还能阅读《熊贝贝》等难度不小的中文书,这在我所见的华裔孩子中是罕见的。我曾经惊奇无比,问她是怎么教的。她告诉我,自己有空就教她们《中华字经》,陪她们阅读。在她的车上,放着"三国演义"等故事碟片,只要孩子在车上,她就打开中文故事,两个孩子听得津津有味。

我曾经问她:你的孩子出生在美国,以后也不太可能回中国工作了。为什么还要下这么大气力教她们中文。她认真回答:"她们出生在美国,但根还在中国,学中文是想让她们知道,她们从哪里来。只有知道从哪里来,将来才知道到哪里去。"

前段日子,徐蕾的父母回国了,她和先生工作、家务、孩子一肩挑。每天早上,她七点一刻出门,开车送孩子上学,然后去上班,傍晚接了孩子就往回赶,做简单的晚餐。饭罢督促孩子练琴、睡觉,等孩子睡了,自己看书、收拾家里。周六,带孩子去学琴、跳舞、去各类博物馆、科技馆。周日,她还在镇上的中文学校当志愿者，教中文。天气好时，她还领着孩子们在户外踢足球。在草地上奔跑的她，似乎又回到当年穿着溜冰鞋在故乡小城穿梭的年轻岁月。

这样的生活节奏，我听着都累。她却笑呵呵地说：在美国生活都这样，你必须坚强独立，变成一个"女汉子"，否则怎么待下去哪！

顾敏

喜欢跳舞的房产经纪

履历：1976年出生于中国吉林省吉林市，1998年毕业于北京师范大学生物系，在北京宣亚集团工作三年后，赴美留学。2005年毕业于波士顿学院（Boston College）获MBA学位，现为房产经纪。育有二女，现居住在新泽西州New Providence。

采访时间：2015年3月14日，4月11日

采访地点：新泽西州West orange

（一）赴美学习

◇ "美国人很擅长 well present themselves（全面展示自己），但如果你是外国人，又是女生，那么在学校或者职场中声音很容易被淹没。"

1998 年我从北师大毕业后，加入北京宣亚集团，主要与媒体打交道，帮助外企做产品上市的市场宣传和路演等准备工作。工作挺好，待遇也不错。

工作两年后，我每个月可以拿到 8000 元，算是一个小白领了，可以买买名牌，没事去星巴克喝喝咖啡了，但是人并不快乐，工作压力大，总觉得这种生活并不是我想要的，可是我想要的生活是什

顾敏来美后买的第一辆车（福特老爷车）

么样子呢，一直很迷茫。

2001年，我的男友准备出国了，前往美国布朗大学读生物医学博士。我们是同班同学，大二暑假开始谈恋爱，如果我不跟他出国，这段感情将来怎么样可不好说了（笑）。于是，我没想太多，就在国内考了GMAT，也跟着出国了。

第一年，生活比起国内是苦了一点，但玩得还挺开心的。因为先生那时是公共课，还没进实验室，周围有一大群从国内来的朋友，所以三天一个小party，五天一个大party，大家经常凑在一起热闹。那时我们也没什么钱，就买最便宜的食物，喝最便宜的酒，夏天去钓鱼，冬天去滑雪，挺开心的。

后来考了托福，成绩出来后，申请到了学校，其中Boston College给的奖学金最多，接下来就开始在这里读MBA了。

刚到美国时,虽说托福什么都考过了,但来到美国还是张不开嘴。那时喜欢逛逛小店,有时推门进去,店主热情地迎上来,问"How are you"或者"Can I help you?"在国内学过的"Fine, thank you, and you?"好像生活里没人这么说,我不知道地道的方式该如何回答,就只能傻傻地微笑。

我英语底子还不错,大学时四级、六级考试都是一次通过,但因为学的一直都是英式英语,和美式口语有很多差别,所以即使现在偶尔说到什么,两个女儿也会问:妈妈,你说得怎么这么奇怪?我只好说:这个说起来话长啦,没法跟你们解释!(笑)

好在当时有一个美国朋友,她教我们英文,我们教她中文。她经常带我们去超市,去CVS,一点点教我们日常用语和日用品怎么说。慢慢地,我就敢开口了。在家里,我也经常看电视,学剧中人物说话,一个假期下来,我的英语提高很多。开学后,因为MBA对于课堂参与很重视,在课堂上发言,课后又长时间和同学讨论交流,所以进步很快。

上学时我在波士顿,先生在罗得岛,要见一面必须开车来回两三个小时。开学第一天,老师就语重心长地说:"各位,你们准备好了吗?MBA的课程会很累的,不但你们自己要准备好,你们的配偶也要准备好。"我因为当时和先生分开住在两地,所以就和同学说:We are separated!他们一脸同情地看着我,我不明白为什么。后来才知道,在美国人看来,"separated"的意思是"分居","分开住"应该是"live apart"。(笑)那几年学习真的很辛苦,所以毕业时还真有同学离婚的。(笑)

刚一入学,全班同学被拉到一个小岛进行团队训练。分成几个 group（组），要在最短的时间里找出彼此的共同点，然后进行合作执行任务，蛮有意思。那时班里华人才五个，三个男生，两个女生，所以我这个中国女生是少数中的少数。美国人很擅长全面展示自己，但如果你是外国人，又是女生，那么在学校或者职场中声音很容易被淹没。

记得那一天，大家在讨论一个任务，具体内容我忘了。我提出一个自认为不错的解决方案，但队里没人理睬我。后来，他们想了半天也想不出解决方案，教练就说，你们为什么不试试 Maggie 的方案呢？他们采纳了，最后顺利把任务成功地完成了。后来同学有什么事经常喜欢问我，说中国人很聪明。（笑）

我们团队一共有四个人，毕业时有三个人（包括我）因为成绩优异，获选进入 honor society，相当于国内的优秀毕业生。他们的事业都很成功，男同学 Matt 是公司的总经理，女同学 Kristen 是一家公司的市场总监。

头一年，MBA 的学习特别紧张，分三个学期，从早到晚都有课，每门课都有不同的团队，队员之间互相匿名评分。每天阅读量也很大，要读很多案例，需要写的东西也很多。我认为写东西是一个特别好的整理知识体系的过程，在这个过程中，你的语言能力、思维能力都得到很大程度的提高。可以说，那两年的收获远远大于国内好多年。

2005 年，我毕业了，同时也怀孕了，挺着大肚子，在罗得岛一家咨询公司做兼职，老板是华人。我的工作主要是帮助美国公司寻找中国供应商和合作伙伴，还有一些和中国相关的咨询项目。这比我在国内的工作容易一些，因为国内往往比较喜欢大场面，注重形

顾敏全家在墨西哥度假

式上的东西,但美国更注重内容,注重听众是否从中有收获,所以你不需要把太多精力花在形式上,只要把内容做好就可以了。

老大第二年出生,先生也在那一年毕业了,进入拜耳工作,全家搬到了纽约州。那时我陆陆续续又帮那家咨询公司做了一段时间,公司后来搬到了芝加哥,我们的联系也少了。老大两岁半时,老二出生了。

可以说,毕业这些年,我大部分时间和精力都用来照顾家庭和孩子了。工作呢,也就是晃晃荡荡的,没有特别像样地上过班。但是对我来说,带孩子,陪孩子成长的成就感远远大于工作的成就感。是不是特没出息?(笑)

MBA毕业典礼上顾敏和院长及好友合影

（二）房产经纪不好做

◇ "美国对银行、投资、房地产经纪等涉及客户隐私的行业，道德规范要求很高，如果从业者因为道德问题产生纠纷，法律是绝对客户利益至上，竭力保护客户隐私的。"

2011年，我开始做房地产经纪。当时老二上幼儿园了，我有半天空闲时间，就开始琢磨着干点事。不过想找全职是不行了，因为还要顾家。家是女人的责任，这个你是逃不掉的。（笑）所以就开始做房地产经纪，这是自己比较熟悉的商业领域，而且自己也要买房子，也想了解一下。

美国的房产经纪基本是个人创业，但一开始自己不可以开门营业，要挂在某个公司名下，彼此没有雇主和员工的关系，但公司可以提供法律、系统支持等方面的服务。对我来说，挣钱倒是次要的，找家正规的公司多学点东西才是最重要的，所以后来找了纽约一家由华尔街出来的兄妹三个人经营的公司，现在应该是纽约最大的房地产经纪公司了。

我最先在纽约考了房地产执照，后来搬到新泽西后又考了一次，很幸运，每次都是一次通过。有的人考一两次都没通过，我觉得考试还是比较简单的，可能考试对中国人来说都不是问题。(笑)它考的不是你怎样做生意，而是如何不违法，遵守相关法律规章制度。法律部分比较难，都是与房地产相关的法律词汇，以前我读MBA时也没有接触过。但是我挺感兴趣的，因为它与生活相关，学起来不觉得枯燥。考试通过后，我必须先找一家愿意接收我的公司，然后州里把执照寄到公司，公司按照法律规定监管我，确保我执业时不会违法。我那家公司就有过这种情况：有人做事不违法，只是 unethical (不道德)，不够规范，最后被开了。小公司一般不会管这么严。

我第一年做了七单，对新人来说还算不错。美国房子交易分买方和卖方，对于买方，我们要帮他找合适的房源，看房子、签合同、房检、讨价还价、协调贷款、过户。对于卖方，我们要帮助找合适的买家，最后以合适的价格卖出。我觉得每次交易就像一个独立的市场项目，从一开始到最后的过户，每个步骤都要逐一完成。因为美国市场交易的一般都是二手房，有的年头比较久，所以要请房检师来检查房子，他们一般会花二到四个小时与买方和代理一起检查房子，里外查个遍，然后就相关问题出具一个报告，代理就拿着这个报告与卖方讨价还价，争取最优惠的价格。当然，有时房子情况太糟糕了，买方干脆就不要了。新泽西的房子，如果是木质结构的，白蚁比较多，有人开玩笑：新泽西的房子分为三类：有过白蚁的；正在处理白蚁的；即将有白蚁的。（笑）

有的房子是结构上的原因，国内叫违章建筑。比如有的房主未经镇里批准，就加盖了一层，这是不允许的。因为按照法律规定，房里的水电煤气以及结构要改变，都要经过镇里批准，他们会派人来检查的，这涉及地税的问题，如果你加盖了，地税要增加的。一旦出现，有两种处理办法，一种是拆掉违章建筑，批你两层楼的，只能按照批准内容卖；另一种是重新画图，征求镇里意见，如果批了，要监督你的施工进度，比如封墙时要派人来看。如果是正常的房子，从签合同到过户，一般是一个多月，但如果有这些结构上的问题，少则要两三个月。所以我们做代理的，在签合同前必须很细心，要到镇里去核查地产税和房屋历史，看是否和房主在网上所宣传的相符，比如有的宣传说地产税是一万美元，但实际上是1.3万，那么核实后买方就有可能放弃。还要看手续是否齐全，用途是否符合城市规划等等，工作很琐碎。

那如果是我代表房主卖房子，前期工作会比较多，比如要帮房主收拾房子，拍照片，做宣传单页，放到网上专门的房源系统里，房源、价格、税、交通、学区，大家都能看到。这类似卖一个产品，你要包装它，宣传它，推销它。如果有人看上了哪个房子，是我的单子，就打电话约我看房。

我第一年做的七单，两单是卖房的，三单是买房的，其它是租房的。第一单是一对年轻小夫妇买房子，我忙了几个月，结果才赚了900美元。从夏天就开始忙,但过户时已经是次年一月了,连律师都半开玩笑说要加钱了。但让我高兴的是,我获得了客户的认可。他们买到房子后,给我写了一个很好的评价放在网上,说自己是很挑剔的人,对其他人一直持怀疑的态度,但通过与我打交道几个月,觉得我很值得信赖,而且感激我的专业和敬业……因为房子总价不到20万美元,5%的佣金,要买方和卖方公司分,分到我手上的只有900美元了。尽管钱少了些,但毕竟业务做成了,成功帮助了一对小夫妻买到了他们的第一个房子,心里还是挺高兴的。(笑)

可能有很多人认为房地产经纪挣钱很容易,跑几次就能挣不少,可是他们不知道我们只能拿到佣金的四分之一,而且时间成本很高,跑很多次才能达成交易,有时可能是白跑。不过可以学到很多东西,你要根据不同客户的需求,帮助寻找不同的房子给他们,每个环节都很重要,营销学、心理学、经济学,学问大着呢。(笑)

第一年,我的最大一笔交易是卖出了一栋40多万的独栋房子。那天我在做open house,就是房子公开让大家去看。我遇到了这个客户,她是40多岁的单身女性,想买套带院子的公寓,可以种花草。我建议她买独栋的,因为独栋的带院子,选择会比较大,而且她需要交通很方便,离火车站很近。然后我领着她从东到西,挨个镇看遍,半年过去了,她看上了一栋19世纪初维多利亚风格的老房子,很快就成交了,而且通过讨价还价帮她省了四万多美金。

搬到新泽西后,我2014年卖出了一套价值69万的独栋房。那是朋友介绍的,帮助卖方整理好房子,买一些装饰物布好景,然后找最好的摄影师拍照(一次就要500美元,如果加急要600到800

美元，这些钱都是我自己掏的，如果卖不出去就白费了，所以是有风险在里面的）。两周内就准备就绪放在了市场上。经历了五家的竞价，很快签订了合同，买方也是中国人。签合同后房主就搬走了，我后期工作很多，找房检师做房检，找搬家公司搬走屋里的东西，以及后来按照买方提出的要求修补，将近两个月后顺利过户。

这几年来，我也带过两批从国内专门过来买房子的中国人看房。去年，北京两家人过来玩，顺便看看房子，他们从东海岸看到西海岸，预算是200万元。在我这里也看了一些房子，最后因为各种原因，没有成交。

中国人来美国最大的障碍是税收问题。如果以外国人身份买房，将来各种税会很高，维护管理花销也很大，大概是房价的20%。如果未来房子让孩子继承，不管房子多少钱，都要交很高的遗产税。而且最坏的事情是，如果你把房子租出去，万一房客和房东之间有纠纷，不但请律师的花费大，而且新泽西州的法律倾向保护房客，房客不交房租，你去法院起诉他，必须等法院下驱逐令，等警察来了才能把房客赶走，但是这可能要等上半年甚至一年，期间，房东是不能赶走房客的。所以，中国人来美国买房真要掂量掂量，是有风险的，不是广告宣传得那么好的。

做房地产经纪的，每两年要去进修一次，修够学分后才能更新执照，否则执照会到期失效。州里指定几个学校有资格搞培训，培训要17.5个小时，一小时一个学分，其中两个学分是关于法律道德方面的，这是必修课。今年我刚好去培训，还记得其中的六个原则：OLDCAR，即Obedience（遵从）、Loyalty（忠诚）、Disclosure（公开）、Confidentiality（保密）、Accountability（问责)、Reasonable care/Diligence(尽职勤勉)。美国对银行、投资、房地产经纪等涉及客户隐私的行业,道德规范要求很高,如果从业者因为道德问题产生纠纷,法律是绝对客户利益至上,竭力保护客户隐私的。

正因为我这一行也不好做,所以当年一拨上课的十几个同学,现在有好几个已经不做了。我爸经常说,你们这一行我是做不了的,陪别人看半天,别人最后又不买了。以后得规定一下陪看房也要收费。我说买房是人生大事,你当是市场买菜啊(笑)。我承认这一行不容易,但还是蛮喜欢的。将来,等我积攒了一些经验和资源,想做类似顾问那样的服务,为客户提供更专业的服务,提供他不知道的或者有价值的行业信息,不然和别人没有什么区别。

这几年来,我每年都在关注房地产市场的变化,每个月都做市场分析,比较附近几个镇的均价、变化趋势等,然后发给朋友,他们都挺感激的,因为这些别处是看不到的。因为我以前是做数据分析的,所以这些对我并不算难。

和中国人一样,美国人也喜欢学区房。我所在的镇叫 New Providence,两年前这个镇的高中被评为新泽西州第一。我看到这个评分前就注意到这个镇了,因为中国人在全镇居民中占10%左右,不算多,基本都是白人。我不是虎妈类型的,所以只要中国人超过20%的镇,我就不太会考虑。你知道中国人多的镇孩子竞争是多么的激烈。我在这个镇住了快两年了,非常喜欢。一个是比较小,生活方便,另外一个是邻里关系很好,能找到社区的感觉。

（三）美国是孩子的天堂

◇ "我们从小被教育成一是一，二是二，只有一个标准答案，但美国提倡开放式的思维，希望孩子不断探索，找到自己的答案。"

小时候我在姥姥家长大，三岁时就被送长托的幼儿园，周一到周六都在幼儿园住，周日才回到父母身边。七岁时幼儿园毕业上小学才开始回到家里住，刚开始觉得家里很陌生，看着妹妹在父母面前撒娇，羡慕但是自己做不出那样的举动。（笑）那时自己特别懂事，学习很努力，成绩也不错，但童年确实留下了很多遗憾。所以我自己当了妈妈后，尽量多陪孩子，陪她们慢慢长大，免得将来我和孩子都有遗憾。我现在确实对孩子很上心，从某种程度上来说，是我依赖她们，她们在带着我成长，重新认识这个世界。

2013年，新泽西出现了一种很稀有的红蝉，据说十几年才出土一次。孩子在草坪上发现了一只刚蜕皮的蝉，很惊喜，两个人趴在地上饶有兴趣地观察，看它如何晾干透明的翅膀，快乐地大笑。看着她们，我突然觉得快乐原来可以如此简单，心里特别感动。

两个女儿都是在美国出生的，但我经常教她们中国文化。我老觉得，人必须要学会接受自己是谁，只有接受了才会把自己的位置摆正，在任何环境中都能过得安然。孩子小时候，我每年都到她们学校当义工，过年时候给孩子们讲中国春节的习俗，还包了饺子带到学校给他们吃。大女儿2011年开始学古筝，每次我都让她穿上旗袍在同学和老师面前表演古筝。大家都对古筝这种古老的中国乐器表示惊叹。女儿还在邻镇的图书馆、老年中心表演过古筝，弹了刚学不久的《纺织忙》。图书馆馆长听了，大为赞叹，说自己从来没见过这么漂亮的乐器！（笑）我觉得，你越对自己国家的文化自信，老外才会越尊重你，欣赏你的文化。

我们家的邻居，和我们大概同时搬过来的，先生是音乐爱好者，曾经辞职一年专门搞音乐，现在有一个乐队，有时在地下室排练。他告诉我说，夏天时，他特别喜欢坐在外面听我女儿弹古筝，说琴声从夜风中传过来太美妙动听了。那句话说得对，民族的才是世界的。女儿刚学古筝的头两年挺痛苦的，现在慢慢喜欢上了，因为她从周围人的反馈中觉得古筝让自己变得更特别。（笑）

大女儿目前在Livingston华夏中文学校学中文，她听说读还不错，但写就困难了。前一段她的中文作业要求用"只有"造句，她居然来了句：我只有一个好妈妈？我乐坏了：孩子，你还想要几个妈？（笑）前几天，她从学校回来，得意地说：妈妈，我可以和班上另外一个小朋友用中文聊天了。我一阵激动，问：你们都聊啥了？她回答：我说你的屁股真大，她说，你的屁股真臭！哈哈！（大笑）

小女儿呢，中文基础差一些，几乎什么都不会说，但偶尔也有神来之笔。比如每次她爸沈澡，她就打了鸡血似地去敲门，她爸问：谁啊？她就回答：老公开门，我是顾敏！这个说得倒是字正腔圆的。（大笑）

女儿所在的小学有课后班，我主动去开了中文班，教美国孩子们学中文，有些美国孩子特别喜欢中文，我就在家里一对一教他们。我做这些,很受以前认识的一个老人家的影响。她来自台湾,几十年来,一到春节,她就坚持把自己家里有中国特色的东西拿出来,摆到图书馆给人观赏。她对中国文化的那种自豪感深深打动了我!

因为有两个孩子,所以我对美国社会与孩子相关的事情可能关注和体会比较多。

你不得不承认,美国确实是孩子的天堂,因为几乎所有的地方都会考虑孩子的需求。比如说你旅游要在网上订旅馆,就能清楚看到是否有孩子的泳池,是否有专门的儿童游戏设施等,一目了然。我们一般一年会带孩子出去玩两三次,很少需要事先做攻略的,都是到那里再说,因为大多数地方的设施都是很齐备的,服务也很好,而且不用担心受骗。我们下周春假要去墨西哥坎昆玩五天。

我们这个学区以前没有校车,因为镇很小,教育部门鼓励大家走路到学校。我们家到学校有一英里(相当于1.6公里),天气好的时候,我们就会走路上学。有的地方以前没有人行横道,路边全是草坪。家长呼吁要铺一个人行横道,镇里立刻派人征用了草坪,铺上了人行横道。在到学校的每个十字路口,都有类似国内交通协管员的人持着"stop"的牌子,看到有孩子过来,立刻手举牌子,让车辆停住,让孩子先过马路。

另外有一些"special need"(特别需求)的孩子,他们有的患自闭症、多动症或学习障碍等,美国就对他们照顾得特别好。我们以前所在学区经费多,每个这样的学生都配有一个专门的老师,他们和正常孩子在一个班学习。如果其他孩子正常完成活动,他没完成会有些烦躁,老师就会把他带出去宽慰一会儿。学区每年会对这类孩子进行评估，老师一直配备到他们不需要照顾为止。每个学区都有这个项目，只要孩子在这个学区出生，住在这个学区，这个学区就要对其负责。如果学区没有这个项目，那么就要由学区出钱，送到特殊学校去接受教育。美国每个学校每年都会对经费预算使用进行投票，但特殊教育的费用总是会保证的。

在孩子的学习上，中国家长习惯管孩子，事无巨细。但美国有的家长则相反，他们有的人完全把孩子扔给学校，孩子写没写作业都不知道。我们老大每个月要做一次project（项目），有reading（阅读），social study（社会学习），science（科学），有的孩子把题目两行的单词拼错了家长都没看出来。孩子小时候我会看着她做作业，二年级后我就基本不管了，如果需要我帮助，我顶多提供点参考建议。

当然还有另外一些美国人他们也很重视教育，但重视的东西不一样。我在女儿的学校比较活跃，经常帮他们做点事。今年一起做年鉴时，和几个妈妈聊天，一个美国妈妈居然让女儿参加纽约歌舞剧试镜，如果被选上，一年内，妈妈和孩子要离开家，在全美各地甚至游轮上巡回演出。我问她：你确定你先生会同意吗？因为参加演出的话，要一年不在家，她家里还有个儿子。她说没问题，先生已经同意了。美国人就这样，男孩热衷体育，女孩热衷戏剧舞蹈等文艺，他们对成绩不是特别看重，觉得多才多艺更重要。美国名校招人主要是看你做某件事是否有激情，是否全身心投入，这点很重要。

在美国学校，做project是经常的事，我个人认为做这个对孩子特别好。孩子要研究一个问题，必须和自己的团队一起找资料、总结，最后还要用图文等方式表现出来，还要在班上分享自己的研究成果，让同学点评。在这个过程中，孩子的思维能力、研究能力、写作能力、演讲能力都得到很大锻炼。

我大女儿上的是学校天才班，这个班是从参加州里标准化考试的尖子生中选拔出来的，要接受比同龄孩子难度大点的学习挑战。我记得女儿第一节课是研究左脑和右脑的功能。孩子们做完后，老师总结了一句：关于人脑的功能，目前的科学家还没有完全研究出来，还是未知的。你看，这就是中国和美国教育制度最大的区别，我们从小被教育成一是一，二是二，只有一个标准答案，但美国提倡开放式的思维，希望孩子不断探索，找到自己的答案。

还有一个题目是，列举并研究一个过去一百年间影响人类发展的发明家。女儿不知从哪里看到避孕技术对人类生活的影响，就想研究这个。老师说这不是孩子的话题，所以后来只好换了一个。（笑）美国孩子从上幼儿园起，老师就告诉他们泳衣覆盖的地方别人不能碰，因为那是他的个人隐私。还会教遇到坏的陌生人应该怎么办，有人扮演陌生人去抓孩子，孩子怎样大声叫喊。学校里有完整的礼仪教育，形式很活泼，比如会编成儿歌，告诉孩子说话时要看着对方眼睛，玩具玩完要收拾，等等。因为学校的教育内容比较齐备，所以很多家长敢撒手不管。

在国内，可能孩子只要成绩好，其他的都可以忽略。但美国不是这样的，老师最喜欢的不是成绩好的学生，而是尽力而为的学生。老师在班上一般不公布成绩，孩子相处也不看成绩，只看兴趣爱好。每次开家长会，老师对每个孩子几乎全是表扬，很少批评，所以美国的孩子一个个都很自信。

自从小布什上台后,美国推行标准化考试,这引起很大争议,我听过一个公共电台专门组织讨论过这个问题。用一个标准化考试结果去衡量不同学校老师的业绩,以此决定给予经费多少,是否继续聘请老师,这似乎有悖公平。因为每个学区的情况都不一样,教材、师资力量、生源都有很大差异。有的老师为了迎合考试,快快地赶完课程,然后调整内容,迎接考试。以前新泽西州是 NJASK (New Jersey Assessment of Skills and Knowledge) 考试,现在改为 PARCC (The Partnership for Assessment of Readiness for College and Careers) 考试,全州学校统一考试,但考试结果不公布,只给学校做一个总体评价,对孩子的评价也是很笼统的,只是说在全州的百分之几。从长远来看,这可以作为全区的参考,但就近期来看,起不到对孩子情况进行及时反馈的作用。

我对成绩不是特别重视,平时对孩子比较放手,不把弦绷太紧。美国有很多华人微信群,里面天天都在交流"爬藤"(考常青藤大学)、画画、钢琴、写作等内容,我一个也没有加入。因为哪个群都有牛孩子,我进去后会有压力,然后就对孩子会有所期待,如果孩子达不到,我会失望,然后发脾气,闹得家里鸡犬不宁,多不好!(笑)我的孩子只是普通孩子,只要她快乐、幸福就很好了,我从来没有期望她们一定要上常青藤,要多成功。我希望她们作为女孩子,有对爱和美的感知力,懂得享受生活的美好。

这可能和我自己的性格有关系,我是个比较随性的人,一向不喜欢按照别人的模式生活,也不太在意别人的看法。平时我也不讲究什么名牌,更喜欢去淘小店,买点适合自己的、有个性的东西。我特别喜欢那些稀奇古怪、设计感和存在感很强的东西,觉得设计的人特别用心,用一种特殊的媒介传递美,买这样的东西有心有灵犀的感觉。

以前在北京时挣钱挺多,会去买名牌,但一点也不快乐,因为我不知道自己真正想要的是什么。到了美国后,我才知道,自己想要的就是简单的快乐。在这里生活了十几年,心里特别踏实,发现生活其实不需要那么多东西。我先生经常到欧洲出差,因为汇率低,买东西比较划算,他会问我需要买什么名牌包包,我一想买个包还要配鞋、衣服,算了,还不如拿这钱全家出去玩一趟呢。(笑)

(四)融入美国其实并不难

◇ "人类的价值观是相通的。中国人的聪明、善良、勤劳,老外也是很欣赏的。如果你主动参加一些活动,向他人表达你的善意和真诚,性格简单直率些,就能很快融入美国社会。"

一些华人移民过来后觉得很难融入美国社会,我觉得其实没那么难。虽然语言不同、文化不同,但是人类的价值观是相通的,中国人的聪明、善良、勤劳,老外也是很欣赏的。如果你主动参加一些活动,向他人表达你的善意和真诚,性格简单直率些,就能很快融入美国社会。我读MBA时,好朋友中就有美国人,她经常请我去她家里吃饭,我生大女儿时,她还专门跑到罗得岛看我,为我开party庆祝。

当妈妈后，我通过孩子结交了很多朋友。有一天算了一下，搬到这个小镇一年多，我认识了40多个新朋友。平时女儿学校有PTA(Parent Teacher Association，相当于国内的家长会)，我也参加了，每年帮助学校做 year book，每个班有一页，上面有孩子的照片、学校大事记等内容，家长自发编辑、印刷、出售，末页还有孩子的签名。以前老二上学前班时，画画课需要家长帮忙，我经常去。女儿班里每年邀请家长给孩子们读书，我去了好几次。

美国人很喜欢把时间花在孩子学校，因为家长经常参加学校活动，就能了解孩子在学校的情况，从而可以正确引导他。

女儿四岁时候有一次，我到她班里参加一个活动，发现她不敢出去玩，一问，才知道她怕班里的一个男孩。找了老师问明原因，原来男孩玩的时候声音很大，女儿以为是针对她，所以就不敢出去玩。后来老师开了一个小会，告诉孩子们男孩和女孩玩的方式不一样，要互相理解和尊重，之后女儿就没事了。

现在中国慢慢强大起来了，在世界的影响力越来越大，我们生活在海外的中国人也挺高兴的，大家应该团结起来，凝聚力量，多组织和参加社区活动。2015年春节，新泽西有很多镇的华人自发举办春晚。我们镇也有，300多人的晚会，20多个节目，全是我们义工自己组织的。每家带一道拿手菜，现场可热闹了。也有老外参加，他们说社区从来没有人办过这么大的晚会，我们听了很骄傲。报名的人很多，但因为场地太小装不下，所以有些人就没法参加。

今年，我们准备自己设计一批"镇衫"，每次有集体活动时大家一起穿上，这样特别有集体的感觉。目前已设计完毕，衣服也出来了（点开手机），你看，红灰两种颜色，挺漂亮的。一共十个尺码，

50多家订购了138件。

我目前在华夏中文学校学习国标舞,先生也跟我一起学,我还是班长呢(笑)。我从小跳芭蕾舞,到大学后跳古典舞,老公喜欢足球、跑步,我们没有共同的爱好,很难玩到一起。到美国后,我觉得两个人要培养一个共同爱好,所以就拉着他去跳舞了。第一次上课,他看到男人很少,就问我:我可以走吗?我说,不能,坚持一下吧。在老师的劝说下,他硬着头皮留下来了。现在他坚持下来了,跳了一年多,感觉还不错(笑)。你知道夫妻平时在家里一般是穿着睡衣晃荡,而且蓬头垢面的,但是国标舞讲究礼仪,男的要像个绅士,女的要像个淑女,不管平时什么样,反正跳舞时都要装得人模狗样(笑)。两个人姿势那么一摆,感觉就不一样了。结婚时间长了,夫妻之间需要这种跳出日常生活的新鲜感,觉得又恢复到一个男人和一个女人那种最初的状态,而不是孩子她爹和孩子她妈(笑)。

如果在国内,老公可能忙于工作,忙于应酬,根本不可能和我一起去跳舞。8年前,我第一次回国,在饭店里很少看到夫妻两人一起带着孩子去吃饭,一般都是男人和自己的朋友在喝酒吃饭聊天,感觉女人都在家带孩子,很少出来吃饭。现在国内好了很多,一家子出去吃饭游玩的挺多,父亲在家庭中的角色越来越凸显了。

在美国,男人家庭观念是很强的,父亲会分担家务,会帮助带孩子,有的甚至周末自己一个人带好几个孩子,给妻子放一两天假。我老公到美国后,变化也很大,他很关注家庭,也学会表达感情了。有一次,大女儿生日他没赶上,觉得自己错过了孩子成长的重要时刻,非常遗憾,后来看一部有关父女情深的电影,触景生情

地哭了。(笑)

在美国,我们的日子挺普通的,不是大富大贵,但是感觉挺舒服的,我从来没有后悔出国的选择。2011年,先生有个回国工作的机会,想海归,于是我们回北京,为孩子看学校。当时老大上学前班,把她放在一所私校里试上了一天,她上了一天就不去了,说不喜欢,上课双手要背在后面,回答问题要举手,教室里没有玩具。后来我先生工作有点变化,就没有海归了。现在想想,从教育的角度考虑,如果当时回去现在可能会后悔的。我妹妹的孩子才7岁,已经上各种各样的课后班,英语、写作、演讲、钢琴、游泳,几乎没有玩的时间。我可不愿意自己的女儿将来是这样的状态。我希望她们的童年轻松、快乐!

离开家那么远,不是没有遗憾。我2001年出国,直到2007年才第一次回国。当时大女儿已经一岁多了,妈妈见了我们很高兴,因为我女儿是她第一个孙子辈的。孩子的衣服她天天手洗,看着衣服挂在屋里,特别满足。我妈是个特别感性的人,我们快走时她天天哭,觉得再也见不到我们了。今年春节,老公带着两个女儿参加学校的Father Daughter Dance(父女跳舞)活动,就我一个人待在家里看国内的春晚。看着看着,突然想家想得不行了,一个人坐在沙发上大哭,是不是特别不成熟?(笑)

虽然出国已经十四五年了,但还是经常想家。其实家是与自己童年记忆有关的那个家,如果没有记忆,就无所谓家了。我小时候是住在姥姥家的,楼房一层。姥姥是满族人,聪明能干,而且对街坊邻居特别好,那时家里都是不锁门的,邻居随时可以进来,寄放个东西,或者和姥姥说个事。吃年夜饭时,舅舅们一边喝酒一边吹牛;夏夜里吃完饭,我就和小朋友们去广场上点篝火,邻居们围着看；舅舅喜欢没事把自行车完全拆开，一样样清洗上油，轴承滚珠散了一地；冬天大家把洗好的被子晾在外面，结成硬硬的冰壳子，然后拿棒槌慢慢锤软再抱回去……现在想来都是这些画面。

离家十五年了，没回去过几次，我妹妹经常用亲情召唤我。今年1月，她还为我写了一首诗呢，读来给你听听：我在东半球／你在西半球／隔着千山万水／隔着十五载似水流年／如花美艳醉红颜／女儿成双家难还／缠缠的亲情／紧紧包裹的依恋／我在阳光下／你在星空下／隔着白昼黑夜／隔着十五载似水流年／年华易老醉红颜／双亲垂暮家难还／缠缠的亲情／紧紧包裹的思念。

多感人哪，我实在没法拒绝她的召唤了。今年夏天，我计划带两个女儿回国，想着能和家人待一段时间，能到处吃喝玩乐，还挺激动的。（笑）

访谈手记：

第一次见到顾敏是在两年前，让我印象最深的是一对硕大的耳坠在她黑发间摇曳着。在我看来，喜欢这种存在感很强的配饰的女子，大都有着自由、奔放的灵魂。

一开始，我以为声音温婉的她，一定是江南女子。慢慢熟识后，我才知道她是东北人，东北女子特有的爽直与大气，在她身上慢慢显出来了。两个月前，当我问她是否可以接受采访时，心里惴惴的，因为一个人向另一个人敞开自己，是需要勇气和真诚的，没想到她特别痛快地答应了：不就姐们聊聊天嘛，可以！

更让我惊喜的是，我发现我们有很多相似的地方：都在北京上过大学，生的都是女儿，都喜欢民族风，都喜欢存在感很强的耳坠，都不是虎妈……一时间，有种相见恨晚的感觉。

每次，她带着那两个长得古灵精怪的女儿来上古筝课，我总是想到《诗经》里的那句话：桃之夭夭，灼灼其华。她们三个都那么美，往那一站，立刻蓬荜生辉，桃李失色。

说着一口标准英文、长得很洋气的两个女儿，却有着东北味十足的小名：大的叫小豆，小的叫小瓜。种瓜得瓜，种豆得豆，多么接地气的名字啊！小豆会弹古筝，会画画，会跳舞，会写复杂的汉字。而小瓜呢，什么也不用学，天天疯玩，上一年级的她，有事没事就往妈妈怀里钻，妈妈呢，总是乐于把她揽入怀中，任其撒娇。"我特别享受和她们一起的时光，觉得当妈妈的成就感远远大于工作。"顾敏笑着说。

顾敏和先生是大学同学，从大二时两人第一次约会到现在，已经19年了，两人依然甜蜜如初。由于工作关系，先生经常出差，有时一去就是一个多月。而她，静静陪女儿的同时，聊寄相思与明月。一个月圆之夜，良人未归，她在微信朋友圈里晒诗一首：雪霁天晴春风远，月圆星朗人未还。待到莺飞春光旎，良人回返送巨钻。我调侃：晒晒巨钻呀。她答：良人未返，巨钻未到呀。

这么一个有情趣的女子，把略显寂寥的北美生活过得风生水起。雪下得横无际涯时，她猫在家里吃吃睡睡，端出的"腊肉烧二冬"和牛腩汤色味俱佳，让人垂涎欲滴。圣诞节时，他们一家去农场里买新鲜的松枝编花冠，松针的清香顿时在屋里弥漫开来，家里立刻有了圣诞的味道。夏天时，全家一起去休假，妈妈一袭红裙，亭亭立于海边，美貌无双。两个女儿晒得皮肤黝黑，但眼睛却无比晶亮。闲着没事时，她会用掉落的杜鹃花瓣，在白纸上贴出一个跳桑巴舞的女孩，甚是可爱。

最让我惊艳的还是她和先生跳舞的照片。顾敏一袭宝蓝色的长裙，挽着髻子，先生也是宝蓝色上衣，两人架势那么一摆，如一对璧人。似乎柴米油盐酱醋茶的日常生活立刻退去，只剩琴棋书画诗酒茶的美好了。当年两人牵手走过北师大校园的时光，刹那间又回来了，一切宛如初见。

去年先生过生日时，顾敏在朋友圈里说，给你庆祝了18个生日，希望下面18个生日可以继续为你庆祝。

执子之手，与子偕老。小豆和小瓜的爸妈，你们可以的！

黄曦

荣登美国名人录的中国『铁人』

履历：1965年出生于湖南省汨罗市长乐镇，1985年毕业于北京农业大学（现为中国农业大学）农业化学系，1986年考取国家公派，赴法国留学。1991年在巴黎第七大学获毒理与药理专业博士学位。1992年在纽约大学医学院攻读博士后，两年半后升为教授。2011年从纽约大学辞职，现任美兰坊（湖南）化妆品公司和美国Marivan Skincare Inc.首席科学家，美国体外动力学（Ex Vivo Dynamics）公司首席技术官。2005年至今在纽约梅尔维尔湖雅诗兰黛有限公司担任顾问，因课题均是围绕『铁与人体健康』展开，因此在业界有『iron man』（铁人）之称。作为美国国家研究院、国防部、环保局的评审专家，黄博士荣登2007年美国名人录。和太太李艳红育有三女，现居住在美国新泽西州Montvale市。

采访时间：2015年3月19日

采访地点：新泽西州Montvale市，黄曦家中

（一）感恩节，携夫人投奔未谋面的导师

◇ "我做事喜欢爆发式的，即冲破条条框框，不喜欢循规蹈矩。如果按照常规思维办事，我的绿卡可能要等上很多年，可能到老了也不一定能拿到，所以要转变一下思维。当然，这需要把很多事看透、吃透，要有一定的判断力。"

很高兴有这样一个机会把过去的事情做个回顾，也算是对自己的人生做个小小的总结。

我是1991年11月24日和太太一起从法国飞到美国的。当天是美国的感恩节，我们却不知道，因为欧洲一般不庆祝感恩节。因为只有那天有机票，所以我们就飞过来了。那天我博士论文刚答辩完

2014年黄曦一家五口在张家界

一周,要到美国做博士后。

你知道感恩节是美国一个很重要的节日,也叫"火鸡节",家家户户全家团聚,都在家里吃火鸡。我的老板(博士后导师)也不例外,所以他没去机场接我,而是从Limousine(美国豪华轿车公司)叫了一辆车接我。司机西装革履,和我以前见过的着装随意的国内出租车司机一点都不一样,我以为他就是我的导师,上前和他握手,叫他"Dr. Costa",他也没说什么。路上,他突然问我:你到美国来干什么呢?我愣了:你是我老板,咋还这样问我呢?半小时后,到了我导师家里,他从里面走出来,我这才知道,自己弄错了。你说我当时是不是很大胆,一个从来没见过面的人,就敢带着老婆过来投奔他?(笑)

在导师家里,我和他的其他学生一起吃火鸡,聊天。晚上他给我订了一个旅馆。就这样,我在美国度过了第一个难忘的夜晚——

感恩之夜，Thanksgiving! 可能因为是感恩节到美国的缘故吧，我一直特别懂得感恩，感谢别人对我的给予，如果有机会，我也尽量去帮助别人。可以说，感恩之心一直贯穿在我在美国的二十多年里。

来美国之前，我在北京农业大学（现为中国农业大学）读农业化学，1985年毕业时，考上国家公派留学生。当时有两个选择，一个是去日本，一个去法国，我觉得日本离中国太近，没多大意思，而法国离得远，又是西方国家，就想去了解一下，于是选择了法国。在北京语言学院学了一年法语后，我就出国了。当时我的专业是毒理与应用药理专业，我花了五年半的时间读完了硕士和博士。读硕士时，因为法语水平还不行，所以成绩很一般，但博士毕业时，我得了学校的最高荣誉，答辩委员会的七个导师都说我法语说得和法国人一样好。不过现在不行，都忘光了，毕竟不是母语。（笑）

到美国后，我在纽约大学环境医学系做博士后。一开始，我想着自己本科在北京，硕士和博士在巴黎，博士后在纽约，都是大都市，还高兴了一阵。结果得知，纽约大学的环境医学系不在纽约市内，而是在上州一个偏僻的山沟里，离纽约30英里，相当于50公里。这样，开车是必须的了。好在我在法国时就学了驾驶。可以说，我们在美国走的路，和所有刚到美国来的人一样，也是一步步来过来的。在法国时，中国政府每个月给我420美元的生活费，我的导师从欧洲共同体拿到了一笔基金，每个月给我800美元左右的补助。我们夫妇俩省吃俭用，到美国时手头还剩一万多元，所以很快就买了一部二手车。什么车？我都不好意思讲（笑），是马自达，花了250美元。开了半年后，我原价把它卖掉，换了一部车。

我一直觉得自己很幸运，我太太李艳红是武汉大学生物系遗传专业研究生，这个背景在医学院是很不错的，她和我老板一谈，老板就同意她在实验室做研究生，一年有一万美元的收入。我呢，1991年刚过来时，老板每年给我1.9万美元，两个月后就涨到2.1万美元，我们夫妻加起来一年有三万多美元的收入。你知道，当时中国留学生夫妇一般都是一个读书，一个陪读，两个人就靠一万多美元过日子，很不容易。所以我们当时在纽约大学环境医学系中国留学生圈子里算是最富有的了。（笑）

我们夫妇都很忙，根本没时间去娱乐。我忙于工作，奔教授。一到美国，我就在学术刊物上发表文章。在法国的时候，我所在的实验室拿到了癌症研究方面的一个奖项，有4万法郎的奖金，我分到了5000法郎。正因为对癌症研究比较感兴趣，我到美国的第一件事就是加入美国癌症协会，该协会有一个给癌症研究年轻学者的基金，忘了具体多少钱了。我很快写了一份申请基金的报告，但第一关就过不了，因为我的老板（当时是系主任）不给签字。不签字的原因我不得而知，可能他觉得我太年轻，不够格，没必要在此浪费时间。或者他有点歧视中国人，一开始就把我封杀了（这只是我的猜测而已）。

但我没有放弃，仍然去申请数额比较小的R03基金。这个基金是每年给你5万元，连续给两年。别的基金，如R01，每年至少20万美元，给三年以上，但需要教授资格，而我当时不是教授，所以只能申请R03基金。这个过程很有意思，可以跟你说说。R03基金的申请条件中，要求钱到位时申请人必须持有美国绿卡。我当时没有绿卡，要是一般人可能早就放弃了，但我想，你没有要求申请时必须有绿卡，那我还是可以试一下的，所以我就把申请材料递上去了。我很幸运，第一次评审就了，不知道具体评语是什么，应该还不差，否则就不会这么顺利了。得知自己通过后，我立刻去找移民局，告诉他们我申请到了这个基金，能否以杰出人才给我办绿卡，否则我就拿不到钱了。他们审阅完材料后，三个月就给了我绿卡。有了绿卡，我自然就顺利领到这笔基金了。

可能我的思维和一般人有点不同，我做事喜欢爆发式的，即冲破条条框框，不喜欢循规蹈矩。如果按照常规思维办事，我的绿卡可能要等上很多年，可能到老了也不一定能拿到，所以要转变一下思维。当然，这需要把很多事看透、吃透，要有一定的判断力。(笑)

因为申请到基金，我博士后才做了两年半（一般要 5 年），就破格提为助理教授了，那年我 29 岁，算是系里最年轻的教授。当然，我不算最厉害的，我老板更牛，他 PH.D 才读了两年，32 岁就是正教授了。

（二）中国"铁人"

◇ "不管是做生意还是平时的做人做事，我们要先信任别人，不要老防范别人，因为我相信是人都有良知，他会感受到你对他的信任。人与人如果可以互相信任，这个社会就变得简单美好。"

在医学院的日子，也有点小小的曲折吧。其实我老板不太喜欢我,可能是因为我这人比较独立,不倚赖他的缘故吧。一开始,他还只是系副主任,中午休息时间喜欢偷偷打桥牌,他一般会叫上另外三个教授,但其中一个教授经常不在,三缺一,他知道我会打桥牌,就叫我去打。我们也打小额的钱,但末了大家把赢到的钱放在一个罐子里,年底一起吃饭。有时周末他牌瘾发作,也会叫上我。你知道,不是所有的中国留学生一开始就能和自己的导师打桥牌的,可能他也不是不喜欢我,只是因为我们的学术观点不太一样吧。

我老板是研究镍的,我是研究铁的。你知道镍是有毒的金属,在加工厂直接暴露时会使人得癌症,主要是肺癌。我老板做了很多实验。我觉得铁是身体的重要金属,镍应该是通过铁起作用产生毒性,进而导致癌症的。但我老板说我"nonsense"(胡说),根本没有采纳我的建议。15年后,他通过实验证实了我当年的观点,他说当初应该早听我的。(笑)

你知道,美国搞科研的人很重视在知名刊物发表文章,但我和他们看法不同,我觉得科研更应该注重应用性,把研究成果用在实际生活中,为社会带来变化,提高人们的生活质量。我在法国时是研究煤肺病的,法国的煤炭含铁量太高,所以得煤肺病的人很多。到美国后,虽然老板是研究镍的,但我依然念念不忘自己的铁和煤。当时仅靠一个R03基金是养不活自己的,一半时间还得为老板打工。为了不耽误老板的工作,又能兼顾自己事业的发展,我利用晚上时间继续做铁和煤的实验。如果拿我法国博士论文的资料申请基金,得到的可能性很小。我必须使用美国的煤粉,研究的结果和法国的一致,证明含铁高的煤粉得病率高,因此我拿到第一个百万美元级的基金R01。

值得一提的是，我们根据美国职业病研究所的流行病学调查，回头查清了这个调查是在哪个州、哪个县、哪个矿做的，然后再根据美国地质勘探局的煤粉成分分析，发现相对应煤矿的活性生物铁与该矿煤肺病发病率直接相关。根据这一相关性，我们把美国地质勘探局的七千个煤样品的煤肺病得病率都计算出来了。论文在美国Environment Health Perspective发表后，引起了巨大反响。根据我的研究成果，煤矿公司开矿前可以根据活性生物铁的含量推测煤炭毒性大小，从而采取一定的预防措施。由于这篇论文，阿拉斯加等地的勘探局都给我写信，询问该地区煤矿的毒性问题，美国劳工部的官方文献也多次提到我这一发现的重要性。

当时，宾西法尼亚州高等法院要起诉Allstate保险公司，其起诉缘由是，J.H. FranceRefructory Co.的矿工得了石棉肺、矽肺，保险公司对其赔偿不够。保险公司很犹豫，不知道这官司该不该打。因为煤肺病是职业病，美国政府对煤工有很好的法律保护。保险公司想将石棉肺、矽肺和煤肺做比较，再决定是赔钱还是打官司。因为我在煤肺研究领域的突出表现，他们的律师团找到我，请我做顾问，帮他们评估官司中的专业问题。我当时开的报酬是一小时三百美元，他们眼睛眨都没眨就答应了。(笑)我查了很多文献，又去现场做了评估，花了30多个小时。评估后，我告诉保险公司，这场官司你们赢的可能性很小，因为石棉肺、矽肺和煤肺病的病理确实比较相似。双方后来庭下和解了，保险公司赔了不少钱。

研究了一阵后，我发现美国的煤矿工人才5万，觉得这个课题的意义不算太大，于是开始找新的课题，最后决定研究铁对癌症的作用。研究了5年左右，我发现用癌症作为铁的研究模型，特异性不高，很难有新的进展，于是就转到研究铁和妇女健康关系这个课题上。你知道女人进入更年期后，雌激素下降，铁的含量增高，女人皮肤逐渐老化，骨质疏松。"美国妇女健康研究"（Women's Health Initiative）开始于1991年，其中包括三个临床试验和一项观察性研究，主要是研究绝经后妇女的健康问题，原准备花6.25亿美元研究。在进行雌激素替代疗法的功用的研究了五年半后，发现补充雌激素患乳腺癌的风险大。文章于2002年一经发表，立即引起轰动，很多人对雌激素替代品有了抵触心理。这药是Wyeth公司生产的，药一停用，该公司市场损失很大，而且还招来了五千个官司。顺便说一句，根据2014年的分析计算，尽管Wyeth公司损失巨大，仅雌激素替代疗法这一项研究，因为增加患癌风险这一发现就节省了大量医疗费用，其净经济收益为三百七十一亿美元。这也为继续使用这种庞大的、政府资助的人群大数据研究提供了强有力的理由。

我从中看到了很大的机遇。你知道女人45岁进入更年期后，雌激素下降，但是铁含量上升，这意味着，铁对更年期的妇女的皮肤老化、骨质疏松是有一定负作用的。于是，我写了文章提出，除了雌激素缺乏外，铁的增加是造成更年期妇女皮肤老化和骨质疏松的重要因素，所以祛铁应是防止女性皮肤老化的最佳选择。文章是假设的观点，但发表后却引起极大社会关注，美国妇女健康周刊、糖尿病专刊、妇科病及生殖周刊等都刊登了我的研究成果。

2004年，我认识了一个雅诗兰黛的工作人员，他是纽约大学在读博士，我是他论文答辩委员会委员之一。他是研究紫外线与皮肤老化关系的，我就把自己的观点讲给他听，他很感兴趣，就把我介绍给了雅诗兰黛公司。公司研发部的总裁是个法国人,他听说我在法国待过,感到很亲切。那个总裁原来是学物理的,现在也研究皮肤,我是学毒理的,现在也转向皮肤了,可谓是殊途同归,志同道合了。我把自己祛铁抗衰的研究成果和他一讲,他非常赞同,觉得这是一个非常好的idea,愿意投钱搞研发。从2005年开始,我就成了雅诗兰黛的顾问。我们合作很好,发表不少论文在皮肤科学杂志上,他们还给我几十万美元做研究。

这些年,因为我平时是研究铁的,所以在业界有朋友叫我"iron man"(铁人)。(笑)

2009年,我开始做临床实验,但第一次失败了。当时正值金融危机,美国有人谣传Macy's(梅西百货)要关门了,雅诗兰黛很谨慎,帮我申请了临时专利,但金融危机结束后没有继续进行临床实验,我所在的纽约大学医学院也放弃了。我打电话告知雅诗兰黛律师,说自己准备把技术拿到中国申请专利,他们没有反对。为什么到中国申请专利?基于很多考虑,如果在美国申请,雅诗兰黛和纽约大学都有点别扭,弄不好还可能有法律纠纷。而现在中国化妆品市场很大,具体有多大呢,两年前,我听过一个关于中国化妆品市场的讲座,说中国化妆品的销售额达到1600亿人民币,而且以每年30%的速度增长,目前还有40%的潜在客户。你说这市场有多大?所以我就在中国申请了专利,此外,还在巴西、欧盟等地申请了专利。

我每年基本都回国两次,2009年,我带着自己的祛铁抗衰技术,回国参加了科技交流会。参加湖南科交会时,我把自己的材料递上去,湖南省政府相关部门把有这种技术需求的厂家发到我邮箱，我逐个分析，最后觉得湖南天龙制药有限公司比较符合我的要求。次日，我来到天龙制药公司的展台，找到他们。他们办事效率很高，当天下午就派研发部门人员和我谈。我们谈妥后，就先签保密协议，再透露技术，最后是评估。

这里有个小插曲，这家公司有个工作人员是加拿大回来的博士，我回到美国后把技术的纸质材料传过去，他竟然没有交给公司，而是自己拿走了。此外，他还想挖墙角，把我挖到其他公司，但被我拒绝了。我做人做事一向恪守自己的原则，诚信第一，力求站得稳。我回国做事业，目的不是赚钱，而是希望把自己辛辛苦苦研究多年的成果转化为产品，学以致用，同时可以帮助更多的人，至于赚钱与否，不是那么重要。我是个基督徒，平时恪守《圣经》的教导，是不喝酒的，所以在酒桌上也不敬酒。他们知道这个，也不逼我喝酒。我在酒桌上还给他们传福音，他们听得津津有味。(笑)

这些年回国次数比较多，总体感觉是，和20多年前相比，中国富强了很多，以前万元户已经很了不起了，现在百万才起步。企业家手头资金多了，对知识的渴望程度也比以前提高了。以前，一些企业家可能靠坑蒙拐骗起家，不讲法律和诚信，但现在很尊重科学，尊重知识，对知识产权的保护意识也提高了，有很大的进步，但我觉得还不够。说实在的，尽管中国发展很快，但基础还是比较薄弱，在很多领域还没有领先世界的技术。我回国走访了不少制药企业，他们不看重早期的研发投资，而是希望早点见到效益，于是，那些没有专利保护的西药，他们生产得特别起劲，可以说目光相当短浅。一些上市公司想让我当首席科学家，我让他们投资研发新药，可能要五到十年，他们觉得周期太长，风险大，没有人愿意做。可以说，中国社会普遍的浮躁心理在企业家身上也能看到，这不是件好事，企业要长足发展，必须要看重早期的研发，舍得花大价钱，否则永远只能跟在别人后面。

我和湖南天龙制药公司从2009年开始合作，新成立了美兰坊（湖南）化妆品有限公司，我是这家公司的首席科学家。2012年产品上市，品牌叫"美兰坊"。作为一个科学家，我是比较保守的，头两年，产品在云南、广西、湖南三地试用，根据消费者的反馈意见我再做调整和优化。2015年，产品开始在天猫售卖，走向全国。你知道在国内做生意，一般销售人员不见到钱就不发货，但我觉得要讲诚信，信任对方，要先发货再收钱。当时有家湖南的企业找我们要一千盒产品，总价10多万元，我们的销售人员要求5万元到账后再发货。他们同意了，但在签协议时突然改变主意，问是否可以先不交这笔钱。销售人员心里自然犯嘀咕了，当时我在场，觉得对方货卖不出去，估计没什么钱，于是主张签了协议。后来，对方很守诚信，不但及时给了我们10多万元货款，另外又要了20多万元的货。现在我们合作挺好，他们答应帮我们卖一千万的货品。

我觉得，不管是做生意还是平时的做人做事，我们要先信任别人，不要老防范别人，因为我相信是人都有良知，他会感受到你对他的信任。人与人如果可以互相信任，这个社会就变得简单美好。我们公司有很多股东，我平时不管太多，做好自己那摊事，尽自己本分就好了。我觉得生意上的合作也要彼此信任，不然就没法继续下去了。

我们的产品上市时间不长，目前销售额还不是太大，但我不是太着急，因为做品牌需要脚踏实地，稳打稳扎。我认识一个雅诗兰黛的配方师，他在中国开公司，专门给美国廉价的99店设计他们想要的低端产品，人家要什么就给设计什么，赚了不少钱。但我并不羡慕他，因为我想做品牌，做百年老店，这需要沉下心来，一点一点做，不能光图眼前的利益。我们的产品定价很高，只比雅诗兰黛低一点，比如差不多的容量，它卖100块，我卖80块。

（三）美国学术圈不是想像的那样干净

◇"是人的地方都有利益之争，因为人性的弱点都差不多，不同的是看用什么制度去约束它。"

2011年，我从纽约大学辞职了。很多人奇怪我当时的选择，因为在美国，教授还算一个比较体面的职业。我离开的大背景是，美国在小布什执政后，发动了伊拉克战争，经费很紧张，科研基金也很难申请到。具体到我自己的情况，主要是评审中遇到两个问题：一个是利益冲突。我一直坚守自己中国人的身份，从来没有英文名字，只是Xi Huang，于是评审中不可避免遇到歧视问题，很多时候很难评上。我们很多同仁说，申请人如果是中国人的名字加上不知名大学，等于拿不到钱。可我在知名大学，还是申请不上；第二个问题是，评审不公正，少数科学家有抱团现象。有人开玩笑，只要评审中有中国、印度和前苏联国家的人，估计就有抱团现象。一些人把心思放在搞小集体主义上，互相庇护，把好处留给自己的朋友。他们把游戏规则改了，我不想同流合污，所以就不跟他们玩了。(笑)我因为不站队,拿不到钱,我过去的导师也一样没申请到钱,后来我帮他介绍到雅诗兰黛,他拿到了几十万美元的基金。15年前他不是太喜欢我,15年后居然是我帮助了他。人生很有意思吧?(笑)

你以为美国的学术圈就那么干净?不是的,是人的地方都有利益之争,因为人性的弱点都差不多,不同的是看用什么制度去约束它。我们圈内有句话,叫三流的科学家在五流的院校拿一流的基金。一些和我一样科研做得不错的科学家也一样拿不到钱,但一个印度科学家,甚至五流的院校都不想要他,却拿到了很多钱。这些事情,美国健康研究所(NIH)做过调查,知道确有其事,但考虑到家丑一旦外扬,可能对整个NIH不利,所以选择了回避。但是我们行业内都知道内情。

因为申请基金确实有困难,所以我在2011年选择离开纽约大学。当然,离开的前提是,自己基本实现了财务自由,否则也不敢贸然离开。我刚到美国时,问导师:你一年给我多少钱?他回答:一万九。同时补充了一句:没有人只靠工资能富起来的!这句话给我很大的人生启迪,此后我一直努力追求经济独立和财务自由。

工作几年后,我攒了一点钱就开始投资房地产了。一开始,我买了一栋带四个apartment的楼房,租给别人,于是也开始深入接触美国社会方方面面的人了。其中有一个房客是土生土长的美国女人,她欠了三个月房租,我一直不敢催,因为《圣经》里说了,不要欺诈寄居的人。(笑)后来实在没办法,就上了法庭,官司我打赢了,但房租钱由政府出。因为那女孩说她是单身妈妈(其实她有男友的),政府的社会服务部门相信了,就付房租给我。我还有一个房客也是单身母亲，带三个孩子。她收入不高，政府救济她，生活品质一点都不差，甚至比我还好。我买冰茶一般都是买晶体自己泡，她却是买现成的，还带汽的，挺好喝。政府每个月每个人发200元食物券，他们都吃不完，所以东西都是买品质好的。我和太太开玩笑，房客吃的东西比房东好多了，咱连好点的牛排都舍不得买呢。（笑）

我有一个房客特别有意思，他有三个月没交房租，于是去打猎，背回来一个鹿腿给我，15磅重呢，他一片好意，我也很enjoy。美国人还是蛮有人情味的。最后他因为实在交不起房租搬出去了。

美国的社会福利实在是太好了，特别是对单身母亲和残疾人，残疾人一辈子都给养着，有的女孩找对象都愿意找残疾人士，因为有保障。这种制度也养成很多人好逸恶劳和不负责任的惰性，比如前面说的那位单身母亲房客，其实她有男友，男友本来应该对她和孩子负起应有的责任，但因为政府承担了这个责任，所以男友就去吸毒、酗酒。美国是个吃中产阶级的社会，中产阶级挣点钱要交很重的税，政府拿着这些钱去救济穷人。不是说他们不需要救济，而是应该怎样改善制度，防止培养懒人。

在美国待的这些年，我个人认为美国主流社会是非常modest（谦虚）的，不张扬，比较低调和节制。比如雅诗兰黛研发部总裁请我吃饭，一般就是6.95到8.95美元的lunch menu（午餐菜单），非常简单，吃多少，就点多少。但是国内同胞比较讲排场，一起吃饭人均消费一般是40到50美元，有的还吃不完。我在微信上分享过一篇文章：一群中国人在德国一家餐馆吃饭，点了很多却吃不完，满桌狼藉，旁边一个德国老太太看不下去了，起身斥责他们，说他们在浪费社会资源。她说的很对，这些资源是全社会创造的，个人没有理由浪费。

我在美国时间长了，也学会美国人的习惯，吃多少点多少，避免浪费。比如我们一家到餐馆吃饭，从来不点饮料，因为餐馆的饮料含糖量高，不健康，而且很贵，一般我们只喝冰水加柠檬。孩子小时候会讨要饮料，但我们不给买，时间长了她们就习惯不喝饮料了。我爸妈刚从国内来很不习惯，觉得我们很抠门。（笑）这种习惯我也带到国内。有时企业请客，我就告诉他们少点一些，不要浪费。平时在公司，如果没有客户，我都在食堂吃，如果有客户需要陪同的，我就让手下人先把菜给点了，到了就吃，一小时吃完回来了，节约时间。

我在纽约大学工作时，有时药厂的人过来谈事完一起吃饭，如果他们是来两个人以上，我要向系里报告才能出去吃饭，而且吃饭的前提是，双方没有利益关系。有时和药监局、研究所的人一起吃饭，都是分开买单，因为公务员不能接受别人请吃。这一点，美国公务员一般是很自律的，不能吃的饭绝对不吃。他们中间也不乏一些人有官僚主义，但总体还是很不错的，真正在为纳税人服务。

在纽约大学的 20 多年，我参加了不少由美国国家研究院、环保局、国防部等政府部门组织的评审会，和他们打交道挺多的。国防部在评审时，会把基金申请人的名字拿掉，再让专家评审，这样比较公正。有一次，环保局请我去评审，评审的内容是：一种粉墙的化学材料在黑名单上，主要问题是粉刷墙壁的材料中含有醇，已经做了毒性实验，请专家鉴定，看能否从黑名单上拿掉。其他专家都通过了，觉得可以从黑名单上拿掉，但我提出，亚洲人的脱氢酶含量低，喝酒代谢慢，容易脸红就是表现之一，如果粉刷墙壁的材料含有醇，那么对亚洲人的健康可能会有影响。专家们都傻了，他们都没想到这个问题。但我是会上唯一的亚洲人，考虑问题的角度自然和他们有所不同。最后他们还是同意把这种粉墙的化学材料从黑名单上拿下，但下面有个 caveat（警告），备注了我提出的问题。

（四）融入美国社会的方法：keep busy

◇ "现在美国的中国移民越来越多了，我对他们的建议就是，如果要尽快融入美国社会，就要让自己 keep busy（保持忙碌），去工作，去参加社区、孩子学校的活动，只有这样，你才能融入美国社会。"

说到移民如何融入美国社会的问题，我认为，如果你一直 keep busy，慢慢就自然融入了。当然，100% 的融入是不可能的，因为"物以类聚，人以群分"是天然的规律。

我对美国社会的了解以及融入程度算是比较高的，因为我上过几次法庭，接触了一些美国的法律文化。其中一个案件是关于建筑合同纠纷的。我的房客中有一对情侣，男的是建筑工人，他帮我修缮了房子的排水管，但质量很差，导致室外的水回流到屋里，所以我只给他两千美元。他上法院告我，说我欠他三千美元。纽约上州一审法院判我败诉，我不服，准备上诉到上级法院。上级法院找一审法院要庭审记录，不可思议的是，一审法院居然没有庭审记录。

这下他们下不了台面了，就做原告的工作，让他撤诉，这个案件最后不了了之。后来，我因为房客欠房租的问题又上了一次法庭，发现法院吸取了上次的教训，派人做庭审记录了。可以说，在某种程度上，我改变了该法院的习惯，推动了他们工作的完善。(笑)

很多人把美国的法律和司法系统想得很完美，其实也不是那么回事。美国的法律相对完善，司法相对严格，但有些时候也不是完全公平的，往往倾向有钱人的，可以说是 depend on who you are（取决于你是谁）。

因为房子出租太麻烦了，我后来把房子卖了，开始投资商业地产，买商业楼出租，再后来就参与开发房地产。当时纽约 Syracuse 附近有块地，离红绿灯很近，加拿大 Tim Hortons 公司想开发成一个餐馆。运输部门不同意，认为离红绿灯太近，车辆出来左拐会影响交通。市政府论证了两次都没有通过。于是我给市长写了一封信，阐明开发后对城市的好处，比如交地税、增加就业人数等。市长收到信件后，让开发部门的人给我回信，认可我说的观点。后来，政府部门又召开了一次听证会，我做了充分准备，带着律师过去了。会上，我阐述了车辆左拐的解决方案，把与会人员说服了，最后表决通过。餐馆开业不久就成为这家公司旗下所有餐馆中排名第一的赢利实体。有意思的是，当时公司负责开发的人对能拿下这块地几乎失去了信心，他说如果听证会能通过的话，他立即剃光头。听证会结果一出来，他果真去剃了个光头。(笑)

在美国科学界，我从来没觉得自己是少数族裔，因为美国本身就是个移民国家，是大杂烩，美国科学家至少有三分之一是外国口音的，所以我身处其中也觉得很自然。但是，在普通生活中，你有时会感觉到自己是少数族裔，比如我小女儿参加学校美式足球的啦啦队，她是唯一的亚洲人，其他都算美国人。我的三个女儿都出生在美国，没有英语口音，按理应该算美国人了，可是她们大部分的朋友都是亚裔，老大的白人朋友多一点，老二几乎全是亚裔朋友，老三是白人一半亚裔一半。我自己的白人朋友从理论上讲也不算多，但有一帮挺铁的白人朋友。美国人特别单纯，有一说一，不会绕弯弯，跟你玩心眼，所以相处起来比较简单。

我家斜对面那户邻居是白人，俗话说"远亲不如近邻"，我们经常有来往。过节时会赠送小礼品，平时请他们吃饭，孩子们也经常一起玩，有时会 car pool（拼车）去看球赛。以前我们旧房子的一个邻居是白人老太太，冬天我们经常去帮她铲雪。

我太太性格很好，比较外向，她融入得比我好。她是三个女儿班级的 class mother（班级妈妈），经常帮助学校组织感恩节、圣诞节等节日 party，非常投入。我也给孩子的学校做过科学讲座，整个五年级的孩子都来了，因为人太多，许多孩子只能坐在地上，却都听得津津有味，问了好多问题。最后他们写条子感谢我，装了满满一个信封，有五六十张呢。（笑）

现在美国的中国移民越来越多了，我对他们的建议就是，如果要尽快融入美国社会，就要让自己 keep busy（保持忙碌），去工作，去参加社区、孩子学校的活动，只有这样，你才能融入美国社会。

美国学校每年都有一个活动，就是父母要把孩子带到自己的工作单位，让他们了解父母平时在做什么。我一直坚持参加这个活动，领孩子到纽约大学参观实验室、医院等，所以她们对纽约大学感情很深，后来老大和老二都考上了纽约大学。这项活动一开始是只要求带女孩,目的在于推动女孩出去工作,因为现在美国女性不工作的比例比较高,但现在是男孩女孩都可以带到工作单位去。

在对孩子的教育上,我的体会是,在美国的中国父母很难做,我经常讲的一句话是,猪八戒照镜子,里外不是人。孩子处在两种文化的夹缝中,会 lost identity(身份迷失),如果处理不当,孩子可能会产生认知分裂,将来婚姻家庭都成问题。有的华裔家庭,父母看得很紧,女孩不能随便和男孩交往,有的二十八九岁了还没有男友,这也是个问题。在男女交往上,我从小用圣经教导她们,不反对她们交男朋友,但是要把握好自己,出去玩12点前必须回来。美国孩子从小有 sleepover 的习惯,就是到好友家里过夜。我的要求是,六年级前不允许,六年级后可以,但要调查清楚对方的家庭情况,看是否安全。庆幸的是,孩子从小在教会长大,两个大女儿已经受洗了,我们不在身边的时候,神的话会让她们警醒。

我对孩子很宽松,她们想要什么东西,只要不违反原则,基本都同意,但是在学习上,我对她们要求比较严。两个女儿上的都是 Bergen County Academy,这所学校在新泽西州是很有名的,在全美排名前20名,一般录取的是每个 town 的前十名,竞争很激烈,要经过严格的考试、面试。她们后来都上了纽约大学。大女儿读商学院,毕业后我本来想学国内"拼爹"(笑),让她少吃点苦,所以给她找了远大空调新泽西 office,她上班没多久就辞职了,现在自己找了一份工作,因为执照正在考,所以目前只能拿时薪,大概每小时15美元。她要租车租房,还有生活费,所以基本是"月光族"。现在她长大独立了,我没有给她钱,让她自己锻炼一下吧。

老二在纽约大学读护士学院。这个孩子特别有爱心,一开始我想让她当医生，她自己选择了护士学院，说当医生与病人在一起的时间太少了，当护士才能更好地照顾病人。她每年参加教会的慈善活动，去费城照顾贫穷的孩子，今年准备去南美的危地马拉三周，照顾贫穷孩子，然后再去中国参加夏令营。老三很爱玩，做梦都在想着玩。目前成绩没有两个姐姐好，但她非常可爱单纯，像个小天使，我也很享受她的可爱。但你要说我不着急她的成绩，那是不可能的，只是我不想逼她，给她太大压力。美国孩子还是相对轻松的，现在国内的孩子太累了，我妹妹的儿子才11岁，周末全排满了，英语、奥数、画画，学的非常多。我告诉她应该给孩子留点后劲，否则哪有力气冲刺呀。但是就目前国内这种教育环境来看，恐怕他们也没办法。

我的三个女儿都上中文学校，老大参加博根郡的中文SAT考试，成绩还是最高的。在家里，我们大部分用英文交流，但有老人在时女儿就主动讲中文。至于女儿的未来，我没有什么很具体的要求，就是希望她们幸福快乐，能够enjoy自己的人生。

我是1994年拿的绿卡，之后15年一直没有入美国国籍，因为我一直认为自己是个中国人。后来因为持中国护照签证有诸多不便，所以2009年才入籍了。虽然有美国国籍，但是我直到现在仍然觉得自己是中国人，只是拿着美国护照而已。（笑）看奥运会时，我希望中国队赢，其次是美国，但三个孩子首先希望美国队赢，其次才是中国。这就是区别。我很少看电视，一年不超过五次，奥运会有中国队参加时我才会看。每次中国队出场时，女儿就大叫：Daddy, 中国队出来了！快来看啊！（笑）

至于将来是否回国发展，要看我的事业布局。我这两年在纽约成立了 EVD 公司，入驻纽约第一家生物技术孵化器。公司的主要项目是开发去铁的离体方法，就是做一种小过滤器，在采血和输血过程中加装到血袋，达到去铁的目的。因为铁在血袋运输和贮藏途中，也就是 2 到 6 周甚至稍长时间内，会产生不良成分，到再次输血时容易导致受血者血管收缩，产生副作用。目前我在申请政府资助，如果能成功，这几年我将致力于把公司带上市。

同时，我还和国内的中国农科院合作一个课题，中国政府"十五计划"提出要大力治理环境污染，我们的课题就是关于如何把土壤里的镍镉砷等重金属拿掉，减少污染。前段日子，柴静拍的关于雾霾的纪录片很火，我也在关注。她看到了问题，并寻找成因和对策，但我们先人一步，已经有解决之道了。如果课题有进展，将来等孩子长大成家了，我可能一半时间会待在国内，希望那时环境会变好些。

什么时候退休？说实在的，我从来没有退休的想法，可能一辈子都不会退休的。我有一种使命感，觉得自己是搞科研的，应该把知识用出来，为社会做点力所能及的事情。

访谈手记：

从黄曦家望出去，可以看到成片的参天大树，冰雪覆盖的池塘，一大片仍未吐绿的草坪。有意思的是，不远处的地里，还搭了一片藤架。黄曦说，等天气转暖了，就可以种菜了。西红柿、扁豆、空心菜、苦瓜……

"去年我们种的苦瓜结了 100 多个，吃不完，最后送给朋友了。"种菜给黄曦带来的成就感,似乎并不亚于科研。

从1986年到现在,从法国到美国,黄曦在异国他乡整整渡过了29年。久居异乡成故乡,但黄曦经常想起自己出生的地方——湖南汨罗市长乐镇。"我的家乡在汨罗江边,小时候我经常去江里游泳,那时河水很清,可以看到河底的石头。"说起故乡,黄曦非常动情。"但现在不行了,自从河里发现金矿后,河床被挖得高低不平,环境污染得很厉害。"黄曦痛心地说。

"乡愁肯定是有的,但现在有了微信,很容易解决这个问题。"黄曦说。他的家乡汨罗和附近的平江建了一个微信群——"共饮汨江水",在那里,黄曦和小学、中学、大学的同学联系上了。去年,黄曦回了一趟家乡,和另外一个同学一起把小学的老师请出来吃了一顿饭。"大家回忆小时候的事情,很开心!"

人生真是一个很有意思的历程。黄曦小时候,正值黄赛提出,我们是中国人,为何要学英文。他也推崇黄赛的观点,拒绝英文。性格倔强的他,成了让英语老师比较头疼的学生。谁知道,若干年后,他竟然来到了美国,从此千里东风一梦遥,反认他乡是故乡,英文成了他生活和工作的主要语言。

虽然浸淫美国文化24年,但在黄曦的house里,除了入门挂着的"基督是我家之主"有美国文化的影子外,你看到更多的是中国元素。橱柜上陈设的中国青花瓷茶具,餐桌旁硕大的"福"字,窗户上的牡丹折扇……在采访中,黄曦说了若干次"我觉得我就是一个中国人",让人动容。虽然命运把他带到了美国,但他心里一直牵挂大洋彼岸的祖国和故乡。

夏天的夜晚,他喜欢和女儿坐在阳台上,沐浴着习习夏风,讲述过去的事情。万里以外的家乡、汨罗江畔的童年、爷爷奶奶的故事……他希望通过自己徐徐的讲述,能让女儿找到一种与中国、与家族、与过去的联结。"我不喜欢言传,灌输她们一定要热爱中国,因为她们出生在美国,成长环境和我完全不一样。我只希望通过自己的身教,让她们知道自己的根在哪里。"

为了让孩子更多地了解中国,黄曦为大女儿在长沙远大空调公司找了实习机会,孩子在那里实习了两次,一共三个月。今年夏天,两个女儿又准备回国参加夏令营。这是寻根之旅,黄曦期待女儿有所收获。

当我问到黄曦更喜欢美国还是中国时,他坦率地说:"我的答案可能会让你失望,至少现在,我更喜欢美国,因为它空气干净,食品安全,整体环境比中国好,这些是可以看得见的东西。但是美国更吸引我的是它的精神,这里机会比较平等,只要奋斗,都有机会。一句话:是金子,在美国总会闪光!"

22岁,以千分之十的比例被公派到法国留学;29岁,成为纽约大学医学院最年轻的教授;46岁,辞职下海创办公司,黄曦的人生没有步步惊心,但足够精彩。他说,自己可能骨子里有湖南人先天的犟劲,看准了事情就立刻行动,在此过程中再慢慢完善细节。"时光飞逝,我们等不起!况且没有完胜的人生,只能选择大方向对的事情去做。"这就是他的人生态度,利索、痛快,决不拖泥带水,瞻前顾后。

和黄曦整整聊了6个小时,工作、生活、家庭、儿女、人生感悟……聊到下午三点,我们才想起还没吃午饭呢。于是,黄曦的太太艳红亲自下厨为我们准备了午餐。辣椒炒冬瓜、清蒸鳕鱼、清炒圆白菜、辣椒炒鸡肉,非常可口。艳红告诉我,冬瓜是去年自家种的,一直吃到今春。鳕鱼是黄曦出海钓的,十几磅重,吃了很长时间。

美丽的艳红，当年可是黄曦所在中学的"校花"，用黄曦的话说是，"比我优秀多了"。二十多年来，她跟着黄曦从中国到法国，又从法国到美国，一路漂泊一路歌，容颜不改，美丽依旧。别人眼中孤清的异国日子，愣是被她过得脆生生、活泼泼的，如菜肴里红彤彤的辣椒。

在他家餐厅的墙上，挂着一个"福"，下面是一首藏头诗：黄山巍然立苍茫，曦泽峥嵘兆运昌。艳质冰清赋俊雅，红梅精神满庭芳。黄曦笑着说，那是几年前去旅游时，请在景区开店的书法家写的，里面暗藏家里四个人的名字：黄曦，太太艳红，大女儿黄峥、二女儿黄嵘。

黄山巍然，耸立在广袤的美利坚大地上。祝福黄曦以及他的家人在这片土地上能够"运昌"！

刘强

京剧丑角的美丽人生

履历：1978年出生于中国河北省唐山市，1991年至1997年在河北省艺术学校学习。1999年11月赴美。2003年1月在美国林肯中心参加《牡丹亭》演出，一人饰演28个大小角色。2010年成为美国公民。现经营一家电器销售公司，同时做安利产品营销，偶尔参加京剧演出。2014年出演美国亚洲文化中心承办的《则天大帝》里的酷吏来俊臣，深受观众喜爱。育有一儿一女，现居住在新泽西州Teaneck市。

采访时间：2015年3月29日

采访地点：新泽西Teaneck市，刘强家中

（一）出国时，只会"banana"和"water"

◇ "每次累得不行，爬不起来时，把美元乘以八，立刻就来劲了。"

前不久，我又回了一趟纽约法拉盛"朱记锅贴"，要了一碗豆浆，两个包子，一个人吃起来了。看着镜子中的自己，感觉很恍惚。我还是那个河北唐山来的小伙子，包子差不多还是那个味道，可是十几年前我在这里吃东西的时候，心情完全不一样。

那时我刚到美国不久，忙于生计，每次买了两个包子就匆匆离开，而且"一人吃饱，全家不愁"。十几年过去了，我可以从容地坐下来吃包子，慢慢回忆过去，而且有了自己的事业和温暖的家，有贤惠的妻子和可爱的儿女，最重要的是，我和父母团聚了。

刘强全家福

    我是1999年11月来美国的，一晃快16年了。当时我从河北省艺术学校毕业不久，在河北省京剧院工作。一开始只能跑跑龙套，后来慢慢有机会演些诸如小鬼、大兵之类的小角色了。工作了一段时间，跟着裴艳玲（著名京剧表演艺术家）老师去境外演出，到过新加坡、香港等地。其中新加坡给我印象特别好，环境干净，民众素质很高，当时我就想，将来如果有机会到国外走走也不错。当时刚好有一个朋友从美国回来，他建议我："你这么年轻，应该出去看看！"一开始，我心想：怎么可能呢，办理护照那么麻烦，而且出国费用也不低，我家在农村，没什么钱。但我还是有点心动，征求了爸妈的意见，他们也拿不定主意，就去问我叔。我叔是一个军官，毕竟还是见过世面的，他建议："让孩子出去试试吧。"

    当时我想出去还有一个原因，那就是，我感觉到在圈里混成一个角儿也不是容易的事情，论资排辈严重，机会也不多，再看看团里那些演员，到老了也照样为一日三餐奔波，人生一眼就能看到头，没有太大意思。

于是我们全家开始四处筹钱，总算给我筹了6500美元，这笔钱包括办理签证、在美国第一个月的吃住等费用，当时美元和人民币的汇率是1∶8，一换算，5万多人民币呢，可算是一笔巨款了！我们家在农村，经济一直不宽裕，我上学时，家里是卖了粮食才给我凑齐学费的。爸爸原来是开拖拉机的，后来年纪大了，也开不动了。我原来和爸妈说过，毕业后就不要他们掏钱了，但是出国就花了他们这么一大笔钱，心里感觉非常愧疚。

就这样，我和另外6个演员一起，两眼一抹黑地来到了美国。因为我在艺校几乎没学过英文，所以英文基础极差，只会说"banana"和"water"两个单词，因此在飞机上我一个劲儿地向服务员要这两样东西，别的我不知道用英文怎么说。这件糗事，至今还有朋友提起呢。(大笑)

到美国的第一个晚上，我们被安顿在纽约皇后区的法拉盛（华人聚集地），当时我们一拨来了7个人，全是演员，其中一个是拉京胡的。对方负责接待的人给我们接风，在缅街的一个广东餐馆叫了一桌子饭菜，吃得还不错。第二天，接待我们的一个姓杨的男人说，对不起，暂时没有演出，为了生存，你们先去找工作吧。我当时傻眼了，说好过来演出的，怎么还要自己找工作呢，人生地不熟，英文又不好，咋找呢？后来我才知道，这个姓杨的名义上挂个剧社的牌子，实际上是把国内演员办出国，然后赚取手续费，后续的就不管了。可是，我已经没有了别的选择，只能"既来之，则安之"了。

就这样，我开始了在美国一边打工、一边偶尔参加演出的生活。

到美国一个月后,我找到了第一份工作——在新泽西一家华人餐馆洗碗。当时一连赶上圣诞节、新年和春节几个重要节日,餐馆生意很火,每天碗都堆成山,我从早上10点就开始洗碗,一直忙到晚上10点,忙的时候十一二点才回宿舍。可以说,我那时把一辈子的碗都洗了,现在看到脏碗仍然害怕。头一周真是痛苦,起床时都感觉手的关节合不上了。

最可怕的还不是洗碗,而是倒垃圾。垃圾桶和我齐腰,每次我都要爬上去再倒,人恨不得都快掉进去了,非常费劲。当时我一个月薪水是1100美元,换算成人民币就是8000多元,很可观的!所以,每次累得不行,觉得爬不起来时,把美元乘以八,立刻就来劲了。(笑)你知道吗,当时我在团里一个月的工资才178元人民币,8000元人民币简直就是一个不敢想的天文数字!

餐馆的师傅都是宁波人和上海人,他们喜欢用方言交流,我这个河北人没法和他们聊天,感觉挺寂寞的。有空给家里打电话,也是报喜不报忧。我爸妈至今还不知道我在美国这些年吃的苦呢,不过你这一写出来他们就知道了。(笑)当时我努力攒钱,第一笔攒了1000多美元,赶紧给家里寄过去。感觉心里舒服了,自己终于可以给家里寄钱了。

一年多的时间,我省吃俭用,把出国时借的6500美元给还上了,同时自己也攒了一两千美元以备不时之需。我当时不知道,在美国,如果病情严重时,医院是可以先看病再交钱的。因为在国内时查出有阑尾炎,我担心在美国要动手术,所以就给自己攒了一笔钱,这也是中国人防患于未然的惯性思维吧。(笑)

这期间，难得有一个演出的机会。齐淑芳（著名京剧表演艺术家）老师的剧社要演《闹天宫》，有人推荐我演天兵天将。演出前要面试的，看基本功是否扎实。我表演了翻跟斗、打飞脚、拧旋子，通过了。排练是在法拉盛少林寺进行的，那时餐馆一周休息一天，我就往这边赶。每次在路边买两个肉包子，在寺外囫囵吃完，因为少林寺里面是不允许吃肉包的。到这里能看到同行，做自己熟悉的事情，感觉特别开心。戏是在曼哈顿的一个剧场演出的，是个折子戏，一出戏下来差不多有20分钟，我挣了50美元。

那时候，我挣了钱舍不得花，说实在的也没有花钱的时间和机会，因为平时都在餐馆上班。有一天，我在想，应该给自己买件和美国人一样的衣服了，都说要融入美国社会，那就先从服装开始吧。（笑）于是，我走进曼哈顿一家服装店，挑了半天运动衫，店主问我要几号，我也不知道如何回答，就往身上比划。最后咬咬牙花了60美元买了一件运动衫，很高兴地走了。周日，我把衣服穿出去，一个同事诧异地问我：你喜欢Yankee队吗？这是他们球队的球衫啊！当时我很窘，我不是球迷，又不打棒球，穿这球衫岂不好笑吗？那件衣服后来再也没穿过，可惜了我的60美元啊！（笑）

这中间还有一件糗事：一天我去曼哈顿，想学学老外买瓶雪碧在路边休闲一下。看到一个摊位，我就走过去，说："Spring." 对方递给我一瓶矿泉水，我摆摆手说"No"，他一脸迷惑，迟疑地给我递了一瓶雪碧，我高兴地接过来。后来才知道，"spring"是美国一个矿泉水品牌，"雪碧"的英文应该是"sprite"，糗大了吧？（笑）那个摆摊的老外看我英文不好，就想坑我一把，本来1.5美元的雪碧，收了我5美元。最后，另一个老外可能觉得良心不安，拿着零钱追过来了。当时的感觉是，英文不好，在美国根本无法生存，连个饮料都买不了,还被人看不起,于是我特别想学英文。

洗了三个月碗,春节也结束了,新的一年开始了。我经常问自己:你来美国只是为了洗碗吗?你是来搞艺术的,你的梦想不能丢!我知道,要在美国立足,第一件事是学好英文。于是我向老板提出不干了,想去学英文。老板大力挽留我,因为当时洗碗的基本全是上了年纪的,像我这样年轻力壮的小伙子不多。可是,我还是走了。

我在法拉盛找了一家职业介绍所,交了30美元介绍费。工作人员问:你做过服务员吗?我如实回答:没有。他吩咐:到时有人问你,你要回答做过。他又问:你会讲广东话吗?我说不会,他又提醒:你到时可别这么回答!然后教我一句广东话:会听一点但不会讲。

很快,职业介绍所帮我找了一份工作,在法拉盛国宾花园大酒楼(现在叫明都酒店)打杂,就是负责给客人端茶送水、收拾桌子等。白天我上班,晚上我就猛啃《餐馆用语大全》,学会了"芥兰牛肉""少糖"等单词。第二天上班,我就特别希望有机会操练一下。

酒楼来的客人一般都是中国人,一天,好不容易来了几个外国客人,他们挥手示意服务员过去,似乎想要什么。于是我主动走过去,问了一句:Can I help you?他回答:Can I have a fork?天哪,我居然听懂了!当时我无比激动,转身就去拿刀叉,因为太激动,手还被刀子划破了。(笑)正当我往回走时,一个服务员拦住我,问:"你干什么呢?"我说帮客人拿刀叉。他冷冷地看我一眼,说:"这是你干的活吗?"然后一把抢过我手里的叉子,自己送过去了。我站在原地,心里想:你欺负我,不就是因为我英文不好吗,我一定要学好英语!

带着这股劲儿,我开始猛学英文。我去世界书局买了"启思英语"的磁带,天天听,从来没有在两点之前睡过觉,后来买了一部收音机,收听侨声电台的英语节目,英文慢慢进步了一点。

不久,一个朋友介绍我到曼哈顿84街一家台湾人开的餐厅工作,企台是中国人,对我很好,他知道我在学习英文,就给我很多锻炼的机会。晚上经理一走,见有客人进来,他就叫:"小强,上去练练吧。"第一次,几个客人走进来坐好后,我看着不像中国人,就走过去问:Are you ready to order?对方用中文回答:准备好了!我和企台哈哈大笑。客人不知道我们笑什么。经我解释,他也笑了,然后很配合地和我讲英文。

慢慢地,练习机会多了,我的英文一点点好起来了,就想找个地方做企台。当时我每个月挣一千多美元,而企台可以达到2500美元。不久,我找到新泽西州一家餐馆,应聘企台,经理让我试用一天。当时就我一个企台,这边刚接完单,出汤出菜,那边又来一桌了。我跑来跑去,忙得晕头转向,加上又是新手,于是出了一次错。一个客人点的是不辣的新加坡米粉,但我忘记提醒厨师了,结果端出来是辣的,客人吃不了。没办法,经理只好自己吃了。(笑)那天就一个午饭的时间,我就挣了60美元。但经理说,你没什么经验,如果老板来了不好交待,你还是走吧。于是我就走了。(笑)

不管怎样,到这时,我已经可以开口说英文了,这是一个很大的进步。从开始学习到开口说话,我整整花了两年时间。

听说日餐馆很挣钱,我就想找一家。从报纸上看到新泽西一家餐馆招人,可以教生手,我就过去了。经理是个台湾人,听我说了工作经历后,说,你又会英文,又会演戏,学做铁板烧吧,可以给客人表演。这样,我就开始学做铁板烧了。一开始很难,两个手都要忙乎,稍不小心,就把手给烫了。做了三个月后,我有了很多回头客,很多客人一到店里,就点名要我。我会英文,性格也比较开朗,爱开玩笑。比如我一边耍,一边逐个问客人:Are you ready? 他们都会说:I am ready。但我却把铲子一撂,说:But I am not ready。他们立刻笑成一团。

三个月后,我的工资就和那些来了一年的师傅一样多了。但是这份工作太辛苦了,如果第二天是节日,头天晚上要准备很多食物,一般忙到凌晨两点才离开。而且铁板烧下面的火很热,烤得我很难受。当时我不想做了,经理赶紧给我加薪,加上小费每个月有3000多美元。干了八个月后,我的工资和来两年的人一样多了。十个月后,和来三年的员工一样多了,是全店薪水最高的,但我还是想离开。餐馆老板问我是否想自己开店,我说不是,只是觉得这工作不适合我,她这才松了一口气。(笑)

(二)身份"黑"了,6年没回国

◇ "都是一样的我,以前为了办身份求爷爷告奶奶,吃尽苦头还不行,现在因为有了林肯中心这个平台,一切如此顺利。人这一生,平台太重要了!"

2002年,我和几个朋友一起去日餐馆"Minado"吃饭,其中一个朋友告诉我,在这家餐馆打工很挣钱,他什么都不会,一天还挣一百七八呢。我心动了,走过去要了一份招工表格,回去找人填,因为当时英文还很烂。(笑)第二周给他们打电话,对方说你来吧,我就过去了。经理是个亚洲人,一直都讲英文,一周后我才知道,其实他是台湾人。他说先试用一周吧。

那时我特傻,因为做惯铁板烧,习惯大声说话了,于是见客人进来就热情高喊:How are you?有时把客人都吓一跳。加上英文不标准,口音很重,所以在一旁负责收银的老板的女儿就对我皱眉头了,她问经理:这人是谁呀?英文不好,声音还那么大,别要他了!可是经理很认可我,觉得我手脚麻利,有工作热情,就问老板能否多留我一周,看我表现如何再做决定。老板的女儿勉强同意了。

中午吃饭时,经理说,你挺好的,但离我们的标准还差一些。老板说再留你一周,看你表现如何再做决定。接下来的一周,餐馆生意很好,我可是拼了命表现,手脚麻利,翻台很快。老板的女儿看在眼里,也觉得我表现不错,说:Qiang, You are good!这样,我就留下来了,一直到现在,每个周末还去上班。

第一周,我就挣了1000多美元,这还没拿百分百呢。经理说:慢慢给你涨吧。一个月下来,我挣了4000多元。Oh, my God!我觉得自己才干这么一点活,怎么挣这么多!那时我特别喜欢上班,一个黑人同事爱喝酒,喝醉了就给我打电话,让我替他上班。我有时一周上六七天。我可不怕多上班,刚好可以多挣点钱寄给家里。后来我买房子的钱,基本是在这时攒的。我自己几乎不花钱,不赌博,酒喝一点点,也不多,原来抽烟,后来戒了,可以说基本没什么恶习。这和我父母小时对我的教导有关。小时候我和父母一起睡，夜里总能听到他们在聊天，谈如何处理与邻里亲戚的关系，谈如何做人做事，我对此印象特别深。现在我也喜欢睡前和太太聊天，聊天基本能解决所有的家庭问题。我爸爸妈妈对爷爷奶奶特别孝顺，奶奶去世前几年都是瘫痪在床，我妈妈洗衣喂饭，极尽孝心。这些都给我很大影响，我现在也很注重细节，回家先问候父母，父母累了给他们做做按摩，言传不如身教，孩子以后自然也会孝顺老人。在孝顺父母这一点上，我还是很传统的。（笑）

当时我的签证是 P3，这是专门给一般演出人才的签证，时间是半年。半年到期后，我又延了一年。眼看一年又快到期了，我赶紧给了当初把我们办过来的杨先生一笔钱，让他帮我办。谁知道他所在的剧社涉及给非演员办理 P3 签证，被美国移民局查了，他没法去帮我们延长签证。于是，我们就逾期滞留在美国了，用一句通俗的话说，那就是身份"黑"了。我们后来找了别的剧社，也办不了。这样，我就没法回国了，因为根据美国法律规定，这种情况下如果出境，十年内不准入境。接下来，足足有 6 年时间，我都没法回国。

幸运的是，我遇到了贵人，他彻底改变了我的命运，我至今都很感激他们。我在美国演出时，认识了北京京剧院鼓师张立平老师和京胡琴师刘振国老师。他们和我很聊得来，彼此很投缘。2003 年 1 月，正值中国春节，美国林肯中心要排练中国经典戏剧《牡丹亭》，导演是旅美华裔陈士争导演，张立平老师认识他并且在这个剧目担任鼓师。因为戏里需要一个老丑，而我以前在国内时学过老丑，还演过《苏三起解》里的"崇公道"、《乌盆记》里的张别古，所以张立平老师就推荐了我。

当时时间很紧张,只有两周背台词的时间,而我一个人要演28个角色,包括老丑、罗锅、土匪、官吏、群众、驻拐杖的、踩高跷的、划船的等等。导演问我行不行,我咬咬牙接下了。接下来后,我没日没夜地背台词,有时累得睡过去了,醒来后就到外面跑几圈。当时是冬天下大雪,我在雪地上一圈圈地跑,脑子里想的全是台词。后来一试演,导演一看,行!

《牡丹亭》从头到尾连演四天。舞台是开放式的,演员和观众可以互动。我通常是演完一个角色,火急火燎地跑到后台换另一个角色的服装。观众看了,觉得很有趣。最难的是踩高跷,高跷有1米高,我踩在上面还要做动作,难度很大。不过那次演出真得很过瘾,如果他们以后还排练我愿意再参加。

《牡丹亭》在美国反响很好,也彻底改变了我的命运。当时我的身份已经黑了,有人告诉我,林肯中心在美国移民局有一个特殊的窗口,可以办理艺术人才的身份。我就跑到剧组主管那里咨询,主管是个白人女士,剧组给她取了中文名字叫妞妞。妞妞告诉我,剧组需要的人都可以办成O1。可是你身份都黑了两年了,顶多只能做P3演出人才签证了,做不了O1艺术家签证了。我心里很激动:只要身份能活起来,不再是"黑"的,啥签证都可以。没想到,四天后,她打电话给我:你的签证办好了,是O1。我那个开心啊,围着自己打工的餐馆的寿司台跑了一圈,大家纳闷地看着我,得知原因后,他们乐了:到时绿卡办好了,你是不是要挂在脖子上再跑一圈呀!(笑)但是有朋友提出来,你如果出境可能回不来了,因为有逾期滞留的记录。

我也管不了那么多了,随后跟随剧组到新加坡演出。那是一场规格特别高的演出,舞台都是真山真水,真花真鸟,听说布置一次舞台要20万美金。演出非常成功,我的角色也演绎得很完美,受到观众和演出方的好评。可是高兴之余,我的忧虑又来了——我要回美国,需要签证,可是美国移民官会给我办吗?正思虑重重时,舞台的广播突然响了:明天下午两点,请刘强和郭毅(另一个演员)到后台,美国领事馆工作人员会给你们办理签证。这怎么可能?我简直不敢相信自己的耳朵。

次日下午,我拿着自己的护照去办签证,签证官看了一下,就在上面盖了一个章,还说了一句"Thank you"。这意味着,我又可以回到美国了,而且可以合法待下去了。因为幸福来得太突然,我都有点恍惚了,感觉像做梦。都是一样的我,以前为了办身份求爷爷告奶奶,吃尽苦头还不行,现在因为有了林肯中心这个平台,一切如此顺利。我当时真是感慨万千,觉得人这一生平台太重要了。你知道美国林肯中心世界闻名,美国艺术人才都以进林肯中心演出为荣。我这个中国河北来的小伙子,因缘际会,竟然能在这里演出,从而改变了自己的命运。现在想来,我依然很感谢张立平老师、刘振国老师和陈士争导演,他们是我生命里的贵人!

演出完毕,我们回美国了,入境时我递上备好的材料,顺利过关了。想想真神奇,就这一趟演出,我的身份由黑变白了。(笑)

因为O1签证是给艺术家的,符合办绿卡的条件,所以陈士争导演给移民局写了一封推荐信,林肯中心出具了证明信,有了这两样东西,其他的材料基本都不用了。四个月后,我拿到了绿卡。现在想想,如果没有张立平老师、刘振国老师和陈士争导演的帮助,我的人生不知道会是什么样,所以我一直对他们心怀感恩。

（三）来之不易的家庭团聚

◇ "现在的我，可谓是'上有老，下有小，每天都要出去打拼，哪怕刮风下雨。但我一点都不觉得累，有一种使命感，感到很幸福。"

绿卡办下来了，最开心的是终于可以回国看父母了。那时我整整六年没回去，想家想得都不行了。自然，我爹妈也只有我这一个孩子，在我出国的这几年，他们该是多么想念我呀！

买了机票，我回国了。到家已经是半夜了，父母依然在等我。看看灯下的妈妈，比六年前老了太多了，我百感交集，抱着她号啕大哭。离家这么久，终于见到爹娘了！当时心里有个特别强烈的愿望，时间不等人，一家人一定要趁早团聚！

那次回国，我住了两个月。我动员爸爸妈妈去办护照、签证。可是第一次签证，因为移民官怀疑他们有移民倾向，所以被拒签了。妈妈气得上火，回家生了一场病。我当时很心痛，后来又鼓起勇气动员爸妈再试一次。好不容易说动了，同样的原因去签证又被拒签了。爸妈心情就不用说了，我也很生气。你说他们有移民倾向，那我就考个公民，到时把他们移民过来！

于是，回到美国后，我就开始准备入籍考试了，通过后成了美国公民。其实我心里是不想这样的，觉得自己还是一个中国人，可是为了把爸妈办过来，只能申请公民。当纽约中国领事馆的工作人员说要把我的中国护照剪掉时，我可心疼了，问能不能不剪，留作纪念，他们说不可以。

一年后，我又给他们申请来美国。到了广州领事馆，只见人山人海，非常拥挤。一个好心人告诉我，你是美国公民，有专门的通道和窗口，不必在这里排队。于是我父母找到那个窗口，把材料递进去。签证官看了以后，递出一张红纸，说，你儿子的报税少了，要找个担保人。看爸妈脸色不对，我赶紧走过去，问明原因。签证官是个挺好的人，他说别的材料都可以，你再找个担保人，然后把护照直接寄过来，人就不用再过来了。我赶紧打电话给美国的张立平老师，他一口答应了，立即整理了三年来的报税单，我一回到美国就寄过去了。因为材料补齐了，爸妈的签证很快就办下来了，2013年，他们来美国了。

多么来之不易的家庭团聚呀，所以我们特别珍惜。给爸妈我什么都买最好的，最好的床垫、最好的蚕丝被……我把他们的房间和卫生间收拾得干干净净，又给他们安装了中文电视台，带他们去华人超市买菜。一开始他们不习惯，经常想念唐山老家和邻居街坊，现在慢慢习惯了。一到春天，他们就在院子里的空地种上番茄、黄瓜等蔬菜，挺开心。

十几年来，我一直梦想着一家人能生活在一起，其乐融融。现在爸妈来美国了，圆了我十几年的梦，我真的特别高兴！

在美国的这些年，我很幸运碰到了现在的太太，说起我们的相遇还有一段浪漫的故事呢。2010年3月，正值我人生低谷期，我和前妻分手了，所有的积蓄都给对方了，我一无所有，精神颓废，人生态度消极，经常否定自我，不管是上班，还是走在大街上，整个人都很麻木。

一天，我寻思着自己头发很长，该去理个发了。路过法拉盛缅街时，正好有人散发理发店广告，上面写着：洗头送免费理发。于是我一路找过去，看到一个理发店就进去了。一个女孩开门了。我问：你们可以免费理发对吗？她一脸茫然：没有啊。她看了看我手里的传单，一笑：你走错了，不过我们的服务也很好，你可以试试嘛。她说话的声音真好听，像一股泉水，滋润了我干涸的心灵。（笑）我闭眼，享受她给我洗头的感觉，听她和我聊天，偶尔偷偷瞟一眼，她眼睛大大的，笑容甜美，看起来让人很舒服。当时心想：给这个姑娘一个机会吧，让她成为我的妻子。（大笑）她是马来西亚人，非常传统，不轻易出去和男孩约会。机会终于来了，我生日那天，和朋友一起去她店里洗头，然后问她："今天是我生日，可以请你看电影吗？"她不好推辞，就答应了。我们去新泽西看了《功夫熊猫》，那天她穿着T恤和牛仔裤，很随意，一看就是不重视这次约会。不过也没什么啦，她毕竟同意和我约会了。我们约会了好几次，手都没拉过。我心想：这样不行吧？于是，一天约她去新泽西海滩玩时，我故意说：去那边看看吧。然后不由分说拉起她的手往前走，她的手抖了几下，但因为我攥得紧，所以没有松开。（大笑）之后有一次，我们一起去哈德逊河边看烟火，当时的情景太浪漫了，我很想亲她一下，谁知道被她的"降龙十八掌"给推开了。（大笑）我很幸运，最后终于娶了她，她是一个很贤惠的女人，孝顺老人，而且很勤劳，周末也不闲着。

2011年，太太给我生了一个可爱的女儿；2013年，儿子出世。现在的我，可谓是"上有老，下有小"，每天都要出去打拼，哪怕刮风下雨，但我一点都不觉得累，有一种使命感，感到很幸福。

每天下班回来，看到家里的灯亮着，心里感觉特别温暖。我知道妈妈肯定又在厨房忙碌，做我爱吃的菜。进门看到爸爸舒服地坐在沙发上看电视，孩子在地上玩耍，我感觉特别舒服。为了老人能安享晚年，孩子有幸福的童年，我再苦再累也值得。工作一天，最幸福的时刻就是吃妈妈做的饭菜：土豆丝、番茄鸡蛋、炸酱面、千层饼、芝麻饼，每样都那么好吃。每次妈妈看我吃饭，就笑：看你那挨饿的样子！

（四）突破自己

◇ "在美国的这些年，我一直在突破自己，每年甚至每天都有新的收获，而且前面会发生什么奇迹，你永远都不知道。美国是个比较公平的社会，你只要尽最大努力去发挥长处，就可以得到相应的回报。"

说实在的，现在家里的经济负担也不小，但是我特别愿意为了家人去奋斗，不怕吃苦。一路走来，我总是不甘心，觉得自己就如戏曲台词所说的"非池中之物"，相信明天一定会更好。

在日餐馆打工时，我认识了一个北京人符先生，他在我负责的桌上吃饭，和我聊天，对我印象不错。第二次，他又来我桌上，问我是否想做电器销售，他可以教我。当时我已经开了一个小礼品店，卖小水晶珠子，所以一时没有答应。有一天，他亲自到我店里来，说：我都三顾茅庐了，你就过来看看吧。盛情难却，我就到他的公司看了看，还跟着他跑了几个零售商，后来就跟着他干了。跑了两年，生意一直不太好，于是我跳槽了，到一家卖电线和视频线的公司做了四年，收入还不错，时间也很自由。

因为我和客户关系维护得不错，所以公司经常派我去收账。可也不是都那么顺利，期间也遇到很多糟心事。一次，我去一个中东人那里收账，当时他在给别人付钱，我走过去，说："你该付给我们钱了！"他居然粗暴地嚷嚷："下周给你钱，我不想看到你了，给我滚出去！"我忍着气出去了。第二周，我买了几包香烟，给他送去，他心情不错，痛快地把钱给我了。后来我们关系一直很好，每次我去送货时，总是买两大桶汽水带给他手下的员工，他们很开心。一次，一个员工让我给他买红牛，老板转而斥责他：Qiang也没挣多少钱！（笑）

后来，我又跳槽到一家印度人开的大电器行，因为东西太多，拿东西要花好多时间，于是我干脆自己开公司。因为电器销售干了十多年，所以我很清楚这一行的来龙去脉，知道零售商需要什么。平时，我经常去拜访零售商，周一在纽约皇后区、曼哈顿、上城、Bronx跑，周二在新泽西跑，周三送周一订好的货。说是一个公司，其实就我和另外一个销售员，因为在美国人工成本太贵了。

生意中也会遇到客人刁难，特别是收账时。一次到阿拉伯人开的公司收钱，连跑三次都没收上。第四次到那里时，老板正带三个孩子在那里玩，他说自己会跆拳道。我趁机走上前，说自己会中国功夫，然后当着他们的面翻了几个跟斗，孩子很开心，老爸自然就痛快地把钱给我了。当然，要钱大部分时候主要靠磨，但很多时候急了也会和客户吵架的。（笑）

从 2012 年开始，除了做电器销售、在餐馆打工，我还学着做点安利，目前已经做到白金级别，每个月最多时有 3000 多美元收入。每周一、三、五晚上，我都去法拉盛听安利培训课程，讲课的是陈婉芬老师，她带领的"超凡团队"是全世界直销业绩第一名，非常厉害。她经常讲销售产品必须先把自己销售出去，只有对方先接受你这个人，才能接受你的产品。有一堂课专门讲如何做一个受人欢迎的人，还有夫妻如何成为一辈子的情人，如何成为孩子的好朋友等课程。教人如何把夫妻关系、亲子关系经营好，把家打造好，才能把销售做好。在这里，陈老师把销售做成了教育，非常高明。我听了特别有收获，所以有时也带太太去听。这个行业不需要学历、财力，但需要学习力，它是我所从事的几个行业中最有发展前景的一个，我很看好它。

我现在是两条腿走路，一边按照计划发展自己的销售团队，一边继续做电器销售。

陈老师超凡系统学习的理念对我平时的工作和生活特别有用。有一天，一个北京客人拿着一张报纸广告来到我所在的日餐馆，他说从报纸上看到周一到周六有龙虾打折。经理说广告登错了，周六没有。因为不耐烦，经理骂了一句脏话，这位顾客不乐意了。眼看"战争"就要爆发，我赶紧走上去，说："大哥，出来吃饭要开心，不要生气。"他气呼呼地说："今天孩子考试考得挺好，本想带他出来吃顿好的，谁知道碰上这档事！"我就猛夸孩子聪明，然后安顿他一家先坐下，自己去找大老板了，建议晚上这顿饭应该给他们免单，因为是我们广告登错了。老板同意了。最后，一家人吃完饭开开心心地走了，还多给了我 20 元小费。这些处理人际关系的技巧，

我都是在安利培训班上学的。原来我脾气很暴,开车遇到情况就会大骂,现在学会管理自己的情绪了。(笑)

可以说,在美国的这些年,我一直在突破自己,每年甚至每天都有新的收获,而且前面会发生什么奇迹,你永远都不知道。美国是个比较公平的社会,你只要尽最大努力去发挥长处,就可以得到相应的回报,这是美国最吸引我的地方。以前在国内时,看到团里那些老演员的人生轨迹,我一眼就看到自己的将来是什么样子,觉得没有什么太大的意思。我班上的大多数同学,还在不同的艺术单位混着,只有两个算是混成角了,上过春晚什么的。如果我没出国,可能也是在团里混着日子吧。(笑)

美国社会如果用两个字形容的话,那就是:自由。对中国人来说,它自由得可能有点过分,比如可以打着牌子随便骂总统,可以随便集会、游行,有充分的言论自由,经济发展也很自由,没有什么条条框框,办事也不用找关系。在这里,适者生存,强者可以尽情展示自己。我们那一拨来美国的有七个人,十几年过去了,目前据说还有一个人在超市搬干货,一个在做指甲。每个人的境遇如何,取决于他心里是否有向上的动力。我在艺校上了6年学,吃了很多苦,把自己的意志力练到可以克服惰性的程度,所以这些年我一直在努力打拼,不管是工作还是生活,可以说是一天天地好起来。

我前几年买了现在这栋房子,花了52万美元。这个社区的黑人和犹太人较多,白人相对少些,至于华人则是少而又少了。我旁边一家邻居是巴西人,我们有时会请他们一家过来吃火锅,他们很喜欢,我们种的黄瓜、西红柿也会和他们分享。另外一家男主人是黑人警察，对我们非常友好，冬天帮我们铲雪，秋天帮我们剪草。美国人特别注重社区关系，对自己社区的人很友善，会主动帮助他们，我们中国人性格本来是比较内敛的，但看他们这么热情，也被打动了，从而回报他们同样的热情。

我性格还算比较外向，所以融入美国社会比较快。在日餐馆，我很多同事来自不同的国家，有巴西、菲律宾、波兰、韩国等，像个小小的联合国。我们经常一起玩，一起吃饭，一起喝酒，一般都是AA制。有时我带外国朋友去法拉盛玩，以前的朋友很惊奇我居然结交了外国朋友。

平时，在熟悉的环境，我很少会想到自己是中国人，觉得和周围的人没啥区别。一次在纽约Bronx，那里是黑人区。我在一家银行的玻璃里看到一个中国人，不禁感叹：这里居然还有中国人！后来定睛一看，里面原来是我自己呢！（笑）只有到法拉盛，我才会觉得自己是个中国人，因为大街上走的几乎全是中国人。一次在停车场看到一个老外在骂中国人，其实是他自己的错，但他却用语言侮辱中国人。当时感觉中国人在美国还是少数族裔，尽管美国是一个民主自由的社会，但是它不可能做到完全的平等。

我本人没有遭遇过什么歧视，但我的一个韩国朋友遇到过，他出生在美国，英语几乎没有口音。一次在商店排队交费时，一个老外想插队，他抗议。结果老外来了一句：Welcome to America！

还有一件事也让我很有感触：很久以前在我上班的中餐馆，经常有一个中国女人和美国丈夫领着混血儿女儿来吃饭，小姑娘很漂亮，中国妈妈可能希望孩子多学点中文，所以经常和她讲中文，但不时被爸爸制止：Don't speak Chinese with her ,that make her look stupid!（别和她讲中文，那样会让她显得很傻!）这个美国男人当着旁人的面都这样指责妻子，可见在家里是啥情况。很明显他对中国人还是有点歧视嘛。

我有两个孩子，尽管他们出生在美国，但我觉得他们毕竟还是中国人，所以应该要多学点中国文化，而不是成为黄皮白心的"香蕉人"。现在主要是我爸妈在带他们，他们会说流利的中文，甚至会讲唐山话。有时听他们讲"方向不对，努力白费"这些话，我都乐。（笑）我希望他们多学点中文，以会说中文为荣，多一门语言不但对他们将来的工作生活有好处，关键是可以找到自己文化的根。不过我现在担心的不是他们的中文，而是他们的英文，他们几乎都不会讲，到时入校肯定要上ESL班（English as second language）了。这不，昨天我女儿又用自己的英文把邻居身高2米多的黑人警察讲得无言以对了!（笑）

回想自己这三十多年，从农村到城市，从中国到美国，生活发生了很大变化。但不管怎样，我依然爱吃妈妈做的菜，有个朋友开玩笑：中国话变得了，中国心变得了，但中国胃永远变不了。而且，我骨子里头依然很传统，比如孝顺、节俭这些中国人的传统美德，我都保留着。美国人喜欢享受生活，口头禅都是"enjoy"，"have fun"，过了今天不管明天。他们太自由了，缺乏自我约束，我一些美国朋友，三十多岁了还天天酗酒，喝得醉醺醺的。但中国人不一样，从小苦惯了，习惯凡事防患于未然。我经常想起戏剧《钓金龟》里的一句话："长将有日思无日，莫待无时盼有时"，拿这个教育孩子节俭。

到美国15年了，有时还会想起刚来美国的情景，那年冬天雪很大,都没膝了,我站在雪地里给家里打电话。他们问起我在美国的情况,我总是说:挺好的,挺好的!可是电话一挂,我都想流泪了。那是我人生中最难的时候。回头对比一下,觉得现在的自己简直太幸福了,有自己的家,自己的事业,真的应该知足常乐。

访谈手记:

和刘强的认识纯属偶然。

2013年6月30日,我们一家到一个日餐馆吃饭。一个眉眼清爽的俊朗伙子接待了我们。见我们入座,就用英文问我要喝什么饮料。我用中文自言自语地说:喝点什么呢?他乐了:同胞啊?讲中文吧!

刘强的客人很多,和我们聊了几句后,他又忙着招呼其他人了。他性格很开朗,喜欢逗孩子,一个老美刚学会走路的小孩屁颠屁颠地跟在他后面,另一个胖乎乎的美国小妞一见他就乐。看得出,他很用心地在工作。刘强笑的时候特别可爱,眼睛眯成一条缝,眼角上挑,看上去很喜庆。

快吃完时,先生把他叫过来,很好奇他是如何来美国的。他简要讲了自己的故事:河北唐山人,今年36岁,来美国十几年了,育有一子一女。在国内时是一个京剧演员,来美国演出后签证延期,后来身份黑了。一个偶然的机会到林肯艺术中心参演《牡丹亭》,林肯艺术中心帮他办了签证。因为演出不能养家糊口,所以就去餐馆打工。后来遇到一个顾客,看他服务不错,就让他到自己的公司销售电器。绿卡拿到后,为了把父母接来,考了好几年入籍考试,终于通过了,今年把父母接来了。

听完刘强的叙述，我和先生感叹不已，对刘强满满的好感。结账时，先生给了他20%（一般是15%）的小费，他一个劲儿感谢我们，并给我们留了电话，说哪天要请我们一家到他家里做客。

7月4日，美国国庆节，刘强邀请我们到他家里吃晚饭。驱车半小时后，我们到了刘强的家。他住的是一幢美国常见的别墅，房前有车库，屋后有草坪。他的父母看上去很年轻，言语之间，为儿子感到骄傲。刘强领我们看了他的房子，一共四层，地下室，一楼是厨房客厅，二楼和三楼是卧室，四楼是阁楼。在二楼的过道上，刘强两岁的女儿躺在地上睡得正香。屋里的床上，6个月大的儿子正在酣睡。屋后的草坪上，一棵高大的白杨树撑开一片荫凉，下面种着西红柿、黄瓜等蔬菜。刘强的妈妈遗憾地说："这里太阴了，种不了蔬菜，我们唐山有个大院子，种的大白菜都吃不完。"她很怀念自己在唐山的家，说住了一辈子了，习惯了。美国虽好，但自己英语不好，到超市买个菜都费劲。

一会儿，刘强的儿子醒来了。他上去抱了下来，一个很可爱的胖娃娃，挣着惺忪的睡眼好奇地看着我们。他注意到了我女儿的存在，目不转睛盯着她。刘强娴熟地泡了瓶牛奶过来，孩子咕咚咕咚，两下就喝完了，神情顿时活泼起来，冲我们乐，可爱之极！

刘强的母亲听说我们要来，早就备好一桌饭菜，其中还有自己做的卤鸡爪等很多中国菜。

刘强一边喝酒，一边和我们聊起了他的经历。他从小喜欢唱歌跳舞，13岁时考到了河北艺术学院学京剧。六年的艺校生活很辛苦，每天都要早起练功。"我是班上最勤奋的，别人中午在玩、睡觉，我就一个人去练功。因为我是农村来的，父母都是农民，我只能靠自己。"功夫不负有心人，在校六年，刘强年年都拿到学校的一等奖学金，给经济不宽裕的家里解决了很大难题。

艺校毕业后，他分配到河北某剧团工作，演的是丑角。"当时有个老师告诉我一句话：前辈就是前途。我不理解，后来才知道，前辈的今天就是我的明天。他们辛辛苦苦工作，却到老了也未必能买得起一套房子，而且经常为评职称的事打得鸡飞狗跳，非常可怜。我当时去新加坡、香港等地演出，也算开了点眼界，总觉得这样一眼就能看到头的人生不是我想要的。"不久，刘强有了一个机会，1999年，一个非官方的组织邀请他去美国演出，但必须自费。他说服了父母，咬咬牙借了6500美元，踏上了赴美之路。他自己也没想到，这一去竟是和旧生活永久的告别。

那一年，刘强21岁。

接下来的6年，因为身份变黑的问题，刘强没法回家。那些日子对父母刻骨的思念，刘强至今说起依然眼角湿润。

几年前，刘强买房了，52万美元的小别墅。有车有房，在美国算是中产了。随后，儿女的出生，家庭的团圆，让刘强觉得生活更有奔头了。"我13岁就离家，一个人在外面闯荡，梦寐以求的就是这样的生活，上有老，下有小，现在终于实现了"，刘强喝了一口葡萄酒，感慨地说，"活到现在，觉得那句话真的很有道理：吃得苦中苦，方为人上人。"

刘强的故事让我很感动。想想看，美国有多少这样的人，他们怀揣梦想来到这片陌生的土地，千辛万苦，千折百转，最后终于立住脚跟，过上自己想要的生活。他们每个人都是平凡的英雄，每个人的故事都值得书写！

李炳臣
从半导体专家到餐馆老板

履历：1962年出生于中国河北省冀县。1984年毕业于清华大学精密仪器系，先后在天津、石家庄市等地电子研究所工作过，是半导体设备专家。1995年赴美，从事过半导体设备经营、餐馆管理等工作，如今和朋友合资经营8家餐馆。育有二子，现居住在新泽西Ridgewood市。

采访时间：2015年4月21日

采访地点：李炳臣家中

（一）刚来美国半年瘦 10 斤

◇ "美国生活很简单，做工，挣钱，养家。而国内应酬多，人际关系也复杂。"

我是 1992 年 2 月初次到美国的。当时我在河北石家庄市一家电子研究所工作，负责半导体设备的引进、维修等，被单位派到旧金山硅谷引进一条生产线，要培训两个月。这是我第一次到美国，对美国印象很好。首先是环境好，几乎每天都是蓝天白云，皮鞋好几天都不用擦，而在石家庄，每天都要擦皮鞋，衣服领子穿一天就脏了。其次是人际关系很简单，大家相处都不怎么绕弯，有啥说啥。我接触的美国人精神状态都很好，非常阳光，积极向上。而且那时候中美两国收入差距也很大，当时我的工资一个月才七八十元

2012年李炳臣在黄石公园

人民币,但美国这边的同行是我的好几十倍不止。当时我想,资本主义国家也不错嘛。(笑)

之前,我的一些大学同学也出国了,其中一个是我的大学室友,铁哥们,他1988年就来美国了,曾经给我写信,鼓励我出来看看。我当时挺犹豫的,我是农村出来的孩子,走到今天,有了稳定的单位,太太工作也不错,觉得已经比较满足了。关键是也不知道外面的世界是啥样,心里有点没底,所以就没想着出去。

但是去了一趟美国后,美国给我留下了很好的印象,我下定了出国的决心。我对太太说,要不我们出去吧。我太太是学化学的,联系上学比较容易,我是学机械制造的,可能比较难一点。而且,她喜欢读书,学习比我努力,我是那种不怎么喜欢读书、但喜欢做事的人。(笑)我们很快就开始准备了,1993年底,我太太在圣路易的一所学校申请了奖学金,但没有给全奖,不能涵盖我和孩子,所以我们去签证时被拒签了。后来，我太太转到波士顿的麻省药学院，申请到了全额奖学金，这样，我和孩子就顺利出来了。

1995年，我带着4岁的儿子到美国。当时我单位给我分了一套两居室的房子，我也已经是设备处副处长了，生活看起来还不错。回头想想，如果当年我不出国的话，可能会一步步混到处长、副所长，或者下海经商，我组织协调能力还行。但有一点可以肯定的是，我不会去做学术，因为我这人不爱读书。当年考进清华，可能因为我运气好吧？（笑）

但是，说实在的，就国内的大环境来说，干这一行如果你老实本分，规规矩矩，肯定是赚不到大钱，过不上好日子的，但是如果你投机取巧、偷奸耍滑，即便挣到很多钱，晚上睡觉也不会踏实。而在美国，我是靠自己一点点努力，逐步改善自己和家人的生活，晚上可以睡个安稳觉。出国前，因为我是负责引进设备和买设备的，所以合作单位、外商、代理找我的挺多，每周有三四天要在外面应酬。回头想想，如果我没出国，每天被这些人包围，不是没有滑入深渊的可能。所以，从某种程度上来说，出国的选择是救了我自己。

到美国后，太太的奖学金每个月有1000美元，我们一家租了一个地下室，400多美元，剩下的钱做生活费，如果省点花，基本够。平时我们几乎不敢下馆子吃饭，都是自己做饭。有时带孩子去趟麦当劳都觉得有点奢侈。（笑）这点钱生活还凑合，但如果我要上学的话，肯定不够。当时我还有点上学的念头，因为从国内来的读书人基本都是这个路子，老公读完书老婆读，双方在不同的时间轮流去工作。因为经济条件比较紧张，所以我就想着打工挣钱养家。

在国内工作的时候，由于业务关系，我认识了一个台湾人，他是半导体设备的代理商,在美国开公司。以前在国内时,我是半导体专家,他是学核物理的,我关照过他,关系还不错。所以到美国后,我就问他能否到他的公司上班。他答应了,让我去办公室工作。每天,我的工作是做技术指标翻译,把设备介绍给国内的单位,这个还好,毕竟我以前工作中都接触过专业英语,但是接听电话就比较困难了,因为我英语听说不行,但是为了养家,只得硬着头皮上班。半年过去了,我的英文听说好了很多。

每个月,我可以拿到 1200 美元,钱不多,但当时做这类工作的就这个工资水平。我的办公室在地下室,老板的太太在楼上开了一家日餐馆,我就问老板,我可以去做 waiter(服务生)或者 bus boy(跑堂)吗,多挣点钱贴补家用。老板和太太都同意了。于是我就开始去餐馆打工。

每周五五点下班后,我就直接到餐馆上班,一直上到晚上 11 点。周六是全天,从早上 11 点上到夜里 11 点,周日是半天,从下午 4 点上到晚上 10 点。可以说,每周几乎没有整段休息的时间,除了工作就是工作,除了挣钱就是挣钱。所以头几年,一家人几乎没出去玩过。每天早上,我去公司上班,太太把孩子送到一个中国人开的日托班,然后就去学校搞研究了。晚上我下班晚,一家人也顾不上说几句话。

一开始我在餐馆做 bus boy,就是跑堂的,端盘子呀,收拾桌子呀,干杂活的。当时我已经 32 岁了,手脚不够麻利,有时老板的女儿就直接冲我喊:能不能快点!我心里很不舒服,感到很大的落差,在国内是别人求我,研究所买设备或者别人卖设备给我们,都要我点头同意的,而现在是伺候别人,还有人对我大呼小叫的,简直是掉到地狱里了！（笑）现在回头想想，我挺能理解老板女儿对待我的方式，她是在美国长大的，所以说话是美国方式，很直接，而当时我刚从国内来，特别不理解这种文化，觉得脸上很挂不住。（笑）

在美国打工，最大的问题还是语言。我的英语阅读还不错，之前犹豫是否出国，一直在学着，而且平时工作中也接触专业英语，但是听说不行，所以在工作中闹了不少笑话。

一次，老板让我去送外卖。我找到了订餐的人，他接过东西，问我：what's the damage？按我原来的理解，"damage"的意思是"损坏、碰撞"，可是我的车什么的都没坏呀，于是我回答：no damage。对方乐了，知道我没听明白，换成一句：How much？我这才知道那句话是什么意思。（笑）那时最怕的就是接听电话了，因为对方报电话号码时，我都要在脑里转换成中文，再写下来，所以经常会记不全或者记错了。

到美国二十多年，我没上过一天语言学校，英文全是在工作和生活中练的，经常听听收音机，不懂就查字典，现在与人沟通、做生意什么的，英文没啥问题，但是如果人家讲俚语，那就不好听懂了。我这人语言天赋不行，但动手能力还不错。（笑）

刚来美国的那段时间，说实在的，压力蛮大，半年内就瘦了10斤。环境变化大，语言没过关……反正困难重重，我也动过念头，不干了，回国算了！可是转念一想，自己的目标没有达到，怎么能轻易放弃呢。而且看周围的人，也是这样一点点过来的。我的餐馆里的同事，有的还是偷渡来的，远离家人，生活条件很艰苦，而我至少还是一家人在一起，太太上学还不错，我的收入也还行，part-time（兼职）工作的工资加小费，一个月能挣1000多元，加上full-time（全职）的工资，一个月有2000多元收入，换算成人民币还是很可观的。

回想起那段时间，自己一天到晚想的都是怎么多挣点钱。记得我当时找了本日历，把每天收到的小费数目记在上面，一到月底，一算总数，嘿，还挺开心。这可能是一个月中最开心的一天了！（笑）

在餐馆工作了一段时间，家里经济状况好了很多，但我们还是住在地下室，因为比起国内的居住条件，一点都不差。我们在国内的房子，只有厕所，没有浴室，要到公共澡堂去洗澡，但美国这里的房子有厕所有浴室，条件挺不错。你看，当时中国和美国的差距真是太大了，现在随着中国的发展，物质方面的差距基本看不出来了。

工作了一段时间，我觉得没有车上班太不方便了，就去车市看旧车，看了很长时间，最后买了一辆丰田凯美瑞，花了3000美元。这对我们家来说可不是笔小数目，真的是咬咬牙买的。（笑）

那几年最大的感受就是，美国生活很简单，做工、挣钱、养家。而国内应酬多，人际关系也复杂。我的老板经常告诉我，美国是个相对公平的社会，只要勤奋努力，都会有收获。二十几年一路走来，我确实体会到他当年所说的话。

我在台湾朋友的公司工作了半年后，他接了另外一家与我以前单位有竞争关系的研究所的单子，可能是不方便让我知道太多，他有一天对我说：谢谢你半年来的辛勤工作，但由于很多原因，你从下礼拜起可以不用来上班了。因为这事来得太突然，事先没有通知

旅行中的李柄臣轻松自在

我，所以当时我心理有点失落，但还不算太糟糕，因为我在餐馆打工积累了一些经验，大不了再找一家餐馆打工。

（二）开了8家餐馆

◇"一个台湾朋友说我是'无为而治'。我到现在还不认为自己是商人，觉得自己是读书人做生意。所以，我比较随意些，洒脱些，不那么斤斤计较。

那段时间，我天天看《世界日报》上面的招聘广告，还去过职业介绍所。最后找到了一家中餐馆，应聘收银员。收银员可不是光收银的，还要接听电话、给外卖食物打包，手头要很利索的。我稍稍培训了一段时间，就上岗了。这似乎比日餐馆容易一些，因为菜单上有中文，菜名一目了然，比日餐馆的纯英文菜单看起来轻松多了。但是收入没有原来好，一个月只有一千多美元，工作五天半，休息一天半。

在中餐馆做了三四个月后，我又跳到一家韩国人开的日餐馆做helper（助手）。一开始老板觉得我是读书人，肯定很笨，做不了餐馆的事情。为了看看我能不能干活，他让我去厨房切黄瓜，我拿起黄瓜就咔嚓咔嚓切起来，动手能力还是不错的，刀功还行。他一看我切得挺好，就让我去厨房帮一天，寿司吧帮一天。钱不多，一个月才1000多元，我干了三四个月就离开了，但是积攒了一些经验。同时自己也观察到，中餐利润低，门槛也低，所以做的人太多，竞争太激烈了,如果开餐馆,应该做日餐,因为做的人相对少些,利润比较高。

1996年,我那个先到美国的大学哥们,和别人合伙在新泽西开了一家buffet(自助餐),生意不太好。他自己没空管理,就让我去帮忙,给经理当助手。后来经理不干了,我就当上了经理。这段经历对我帮助很大,我懂得了餐馆是怎么运营的,以及管理餐馆的皮毛概念。

第二年,我和同学筹划开个日餐馆。首先是选址,当时我们在Wood Bridge找了一个地方,2月签订租赁合同,8月就开业了。可以说当时基本没什么经验,是摸着石头过河的。开餐馆很复杂的,千头万绪,选址、装修、招厨师、服务员等,我们几乎什么都不懂。装修材料在哪里买也不知道,还好师傅都懂。前期我们共投入20多万元,我当时没什么钱,是同学借给我几万元入股的。我至今依然很感激他,在我最困难的时候,他帮了我很多忙。

刚开始餐馆生意不好,扣掉房租、贷款、人工费用后,基本没剩什么钱。每天看着餐馆生意惨淡的样子,我压力挺大的。餐馆一开始是我同学的连襟管理,半年后我接手了。因为这是第一家店,我们根本没有经验,只是凭感觉,觉得前面有个mall(商场),人流量挺大,生意应该会不错。但是没有想过餐馆在mall的后面,很多人根本看不到,而且日餐消费比较高,附近住的人以蓝领居多,他们消费不起。

我观察了一段时间后,就开始改菜单,价格比原来便宜,而且变化花样,改成自助餐形式,周六的午餐交钱后可以随便吃,周日有半价菜。价格下来了,顾客的流量就上去了,终于与市场的需求契合了。当时为了降低成本,同时又能保证品质,我们半夜一点多直接去码头拿鱼,少了三分之一的价格,而且还新鲜。菜直接去纽约的唐人街买,路边有大卡车在批发蔬菜,新鲜、便宜。

餐馆人手少,生意不好时厨房只有两个人,我也去帮忙,学着做寿司、送餐。功夫不负有心人,生意一点点好起来了,口碑也越来越好,一年多后,餐馆开始盈利了。两年多后,隔壁有家店关门,我们就把店面租下来做铁板烧,现在加起来有4000多呎。现在那家店还在,以前一个月的营业额才4万元,现在能达到20万元。我没事还经常过去看看,这是自己的第一个"孩子",对它感情很深。(笑)

第一家餐馆开完后,1999年,我们又在纽约曼哈顿第8街开了第二家,离世贸中心不远。刚开始生意很不错,但"9.11事件"发生后,游客渐渐少了,生意慢慢下来了,但是没有赔钱,经营两年后,我们还是把它卖了。从2006年到2007年,最多时候,一年有四家餐馆开业。2008年金融危机爆发,我们的脚步也慢下来了。目前,我们在新泽西、纽约长岛、上州都有店。以前选地址没经验,只是凭感觉。现在经验多起来了,开店前会上网查该镇的收入水平、居民的消费水平等,有一个比较全面的规划,也有一些人才储备,所以做起来顺手多了。

现在每开一个店,我会根据不同区域的特点做适当调整,比如最早我们纯做日本餐,现在是亚洲餐,有泰国餐、马来西亚餐、印尼餐、越南餐等,反正每个国家最经典的饭菜我们都有,如泰国的咖喱鸡、越南的春卷等,可以满足不同顾客的需求。

近二十年下来,餐馆运营还不错。我们有专门的团队在管理,所以我现在的时间比较灵活，自己可以安排，除非有紧急情况需要我去处理，一般我很少过去。中国那句话怎么说，用人不疑，疑人不用，做老板的要学会宽容员工的弱点，用人之长。你在店里时能挣100%，你不在时挣90%，少点也没关系，开别的店再补嘛。

总而言之，我希望他们在我这里干活感觉比较轻松，没有太大压力。一个台湾朋友说我这是"无为而治"。我到现在还不认为自己是商人，觉得自己是读书人做生意。所以，我比较随意些，洒脱些，不那么斤斤计较。（笑）

（三）体验美国法律之细

◇ "我接触的美国大部分公务员的底线是很 solid（坚固）的，态度也不错，偶尔也有态度不好的，但不会出格。"

在美国生活，你真的能体会到美国社会法律对细节的注重。

就拿开餐馆来说吧，开店前，要经过镇政府的审批，如果以前这个店面就是餐馆，那比较简单，如果是别的店，比如洗衣店，现在要开餐馆，那就很复杂了。我们在 Bronxville 有一家店面以前不是餐馆，现在要开餐馆，就要请律师、建筑师、工程师去准备方方面面的材料，然后上报给镇政府。镇里的计划委员会每个月开一次会，集中讨论审批一拨申请。他们对停车位要求很严格，是按照餐馆面积或者座位数量来确定停车位的，每个镇的要求不一样，如果达不到镇里的要求，就不能审批。

还有下水道的容量，因为餐馆的排水量比其他商业用的多，所以我们要请专业人士计算分析下水道容量，看够不够，报告也要提交给镇里，他们收到后要一项项检查，每一项要检查两三次。其他如水、电、煤气管道、消防设施等，都要经过五六个不同部门的检查，看是否符合要求。所以通常半年很难装修完一个店，因为如果他们查出问题，我们修正后要预约他们再来检查，所以时间就比较长。

营业后，大大小小的检查就更多了。卫生局会来检查卫生情况，他们拿着温度计到处测，比如饭锅里的米饭、汤锅里的汤的温度不能低于135华氏度，冰箱不能超过41华氏度。要求做寿司必须戴手套，洗手池要提供洗手液和纸巾，蔬菜在外面不能放太久，下水道隔多长时间就要清理一次。这些细节都是法律规定的，必须要遵守。他们有的半年检查一次，有的一年，每个镇都不一样。如果有客人投诉的话，他们随时会来。比如客人在这里吃完饭后回家拉肚子了，投诉给卫生局，卫生局就会来检查，给客人一个答复。他们主要害怕群体性疾病的爆发，如果两个人以上发生同样的问题，那么就被认定是群体性问题，我们就要把事件主动上报。

每个餐馆都有一个食品卫生经理，他要去专门的培训机构接受食品卫生安全方面的培训，如果当班时发生食品安全问题，就可以及时进行处理。培训有效期为两年，两年后还要继续培训。我们要把他的证书挂在餐馆的显眼处。

有时候，我觉得他们管得也太细了，比如规定寿司的生鱼片除了金枪鱼外，其他的鱼都要冰冻后才能吃，可是执行起来很困难，比如白鱼，里面有寄生虫，我们处理时注意一点就可以了，但如果冰冻了就没法吃了。我认为食品质量一定要把关好，但只要设备到位，如冰箱温度达到要求，洗碗机温度180华氏度以上，高温消毒，员工有良好的卫生习惯，一般没有太大问题。

消防局一般也是一年来一次，他们会看消防桶是否有问题，厨房设备是否更新，消防通道是否畅通，紧急灯是否亮着，检查得挺仔细的。

这么多年来，我和很多卫生局、消防局的检查人员打过交道，他们大部分都很不错，给他们代餐券，大部分不要，有的来吃饭，我就给打点折。但是也遇到一两个例外的。我在曼哈顿的那个店，一次卫生局的人来检查，说餐馆某个地方有问题，但他没有立即写上，而是告诉我："如果我把它写上去了，你就没办法通过了。"我听出了话外音：我也可以不写上去，但是……当时正是中国春节，我给员工准备了好多红包，为了省点事，就顺手给他拿了两个，意思一下，反正也没多少钱。他没推辞，收下了，当然，最后没有把那个问题写上去。(笑)

另外一件事情是，在新泽西，中国人开餐馆大部分会给工人提供住宿，美国的独户房一般最多只能让一个亲戚短期居住，不能给别的家庭住，否则镇里会管的。我在Plainfield租了两个独户房给工人居住，因为进出比较频繁，于是有邻居投诉，镇里派人来检查。那时刚过完中国年，我身上刚好有个红包，于是一边说Happy New Year，一边给检查人员一个红包。他挺高兴地拿走了，没说什么。我接触的美国大部分公务员的底线是很坚固的，态度也不错，偶尔也有态度不好的，但不会出格。

日常生活中，美国的管理也是量化的，如我们镇规定圣诞节屋外的灯瓦数不能超过 100 瓦，草高度不能超过一英尺，如果超过，算是杂草，要警告你；如果警告了还不割，就要把你诉上法庭。还有规定冬天雪停后几小时要铲雪，如果不铲要贴罚单。平时，家里换个马桶、换个插座都要申请批准的。

有一次，我餐馆换马桶，把旧的放在院子里，很快，镇里的罚单来了，说我没有申请批准，要停工去镇里申请，要由有专门执照的人来换马桶。不可思议吧？（笑）人家的法律规定就是有这么多细节，有时觉得有点繁琐，但细想一下，任何事情、任何时候都有法可依，从长远来说，对大家还是有好处的。

不错，美国是个法治社会，但有时不免让人觉得执法太呆板了，政府管得太多太细，如果能稍微灵活点就好了。比如说，美国劳工局规定了劳动者最低工资，加班要给 1.5 倍工资，还要求上班打卡。这些都没问题，但是他们太教条了，比如说每个工人的工作安排我很清楚，如果一周工资是 785 美元，我一般会按照中国人的习惯，凑个整数 800 元。劳工局派人来查，一看每周工资都一样，说我是年薪，不是时薪，没有付工人加班费，要罚款。我三家店一共被罚了 15 万美元！

其实我们是按规矩来的，有打卡，而且钱还多给员工了，居然还被罚，是否有点冤枉？我们可以去申诉，但是律师费估计就得十几万，一算成本，算了吧。有的店确实不守规矩，不打卡，小费乱分，扣员工小费，结果被罚了一两百万元。

我们平时也有自己固定的律师，地产、劳工方面的律师收费很高，一小时 300 美元。也有按件数收费的，比如地产过户，这一宗事情收费一两千不等。如果要打官司，或者劳工局查我们，就必须请律师。

这些年我和法院打交道，一般是因为车子超速，吃了罚单。美国规定如果当事人不服警察处理的，可以申请法院开庭，与警察当庭质证。有一次开庭，我去了，但警察没去，结果法官判我赢了。那次开庭给我的感觉是，美国的法官很中立，没有因为他和警察的职业比较接近而站在他那边。

当然，美国执法相对公平，但也不是绝对公平的。有一次，我的车子从加油站出来后，上了高速路，有辆卡车要转弯，司机是白人。我停住了，他开过来刮蹭了我的后轮。一个警察过来后，先入为主，直接问是不是我撞到卡车了。我没法申辩，因为那时刚来不久，对美国社会没经验，反正感觉很不舒服，觉得美国社会也挺复杂的。

在中国生活时间长了，你知道中国有两套语言系统，一套是公开的，一套是私下的。其实在美国也一样，也有两套语言系统。比如种族歧视，你知道它确实存在，但没法公开讲。比如看到一个黑人小孩在路边晃悠，可能就有人会给警察打电话，但如果是白人，可能就没这事了。

有一次，我第一家餐馆开张没多久，我去超市买东西，车子停在停车场里。两个白人老头说我车子离他们的太近。我一看，我车子在停车位中间，离他车子并不近，于是解释了两句。他居然来了一句：Go back to where you come from, that's what I mean！（我告诉你，从哪来回哪去！）我一听气坏了，和他们吵起来，最后被人劝开了。

那时刚来美国，语言不好，对美国社会也不了解，所以不自信，觉得自己低人一等。我记得刚来时去超市，因为经济条件不好，每次我们只能买一点点东西，看着老外一车车地买，心里感觉很失落，有点自卑，觉得别人看你的眼光也不一样。现在和以前有很大不同了，通过二十多年的奋斗，自己有了事业，在美国也扎下根了，心理障碍就没了。

美国社会还有一个很重要的特点是，税很重，真的是千税万税。（笑）我们一家四口人，一年要交十几万美元的联邦税与州政府的个人所得税，去年我和儿子还补了三万多元税呢。还有房产税也不少，根据房价的变化年年都在涨，我们家这栋房子一年的房产税是2.5万美元。但是交房产税我还比较乐意，因为其中60%都交给学校。孩子上学，警察在社区巡逻，清洁工收垃圾，军队保家卫国……钱花在这些地方是看得见的，我们纳税也是应该的。

但是美国社会有个问题，有太多的人被政府养着，看病不花钱，购物有食品券，这不公平。目前大概有40%的人说自己收入低，不报税，相反，政府还要给他们钱。我不是说穷人不需要救济，而是认为他们中很多人完全可以通过自己的劳动养活自己，但他们不想做事，只想不劳而获。一个社会的福利太好，就可能养懒人，这样社会的整体创造力就会下降，甚至会把国家推到崩溃的边缘，希腊就是一个例子。健康的社会，应该建立一种公平的机制，鼓励大家去做事，多劳多得。

因为美国税太重，所以也有人想办法逃税或者避税。比如一些市场交易中，付现金是一个价格，刷信用卡又是另一个价格，因为刷信用卡必须报税。对于这些，美国人互相之间心知肚明，很清楚的。还有，慈善基金放进去时不用交税，但支出时有限制，一些人也利用这个来逃税。

（四）美国：天道酬勤

◇ "美国社会基本还是公平的，只要你努力奋斗，结果都不会太差。"

在美国这么多年，我的体会是"天道酬勤"。天道是什么？我想也有可能是神的意志，如《圣经》里所说，要爱人如己，与人为善，通过自己的勤奋努力，创造属于自己的生活。美国社会基本还是公平的，只要你努力奋斗，结果都不会太差。最近我看了日本"经营之圣"稻盛和夫在台湾的演讲"人为什么活着"，他是一个了不起的人，花了三年时间就让日本航空公司扭亏为盈，最重要的是，他向别人传递了一个理念：只要心存善念，怀利他之心，并在行动中实践出来，往往会有意想不到的回报。我很赞同他的观念。

对于以后的人生，我目前没有很具体的规划，有时有点"中年危机"的感觉，觉得自己没做像样的事情，比如开个上市公司什么的（笑）。除了开餐馆，我现在还做点直销、投资房地产和股票。此外，尽量多花时间陪孩子。以前总是忙于餐馆的事情，开完一家又一家，根本没时间陪孩子，现在希望多陪陪他们。去年我带他们去黄石公园，太太带他们回国。

我有两个儿子，老大今年25岁，在天普大学医学院读书。他以前也上过中文学校，但效果不好，上几年跟不上，我们也没空管他，后来就放弃了。老二是在美国生的，算是来美国的最大收获。（笑）他今年11岁了，有专门的中文老师，每周学两次，听说读写还不错，在家里也愿意和我们讲中文。

我对两个孩子的教育基本是中西合璧，没有太严格的要求，比较宽松自由，但也有原则的，比如不能撒谎，不能欺负别的孩子。我对品格的重视甚于成绩。因为我觉得做事首先是做人，把人做好了，事情自然就能成，至于数学好不好，写作好不好，只要不太笨，迟早都能赶上，补不补习无所谓。但我太太和我看法不同，她比较重视孩子成绩，可能是因为她自己比较喜欢学习的缘故吧。（笑）

我每年会回去一两次，探望母亲和姐姐妹妹。离开国内二十多年，总体的感觉是：国内经济发展确实很快，变化很大，但是和二十多年前相比，似乎人心比较浮躁，人们普遍急功近利，想着尽早赚大钱，尽快成功，而且人际关系的前提首先是利益，这点没有美国好。我们与在美国的几个股东合作很多年，都没有问题，但国内有朋友合伙做事情，最后做不下去。

回国也会和同学聚聚，感觉国内和国外同学的思想境界或者说习惯不太一样。我是班干部，看北京的几个同学为了张罗聚会，老跑腿，很辛苦，就提议成立一个基金会，大家把钱放进来。国外同学普遍响应，放几千一万的都有，但国内同学只有一个人放了三千。还有的同学生意做得不错，带着一大堆亲戚来吃饭，但一分钱不掏。北京有个同学混得不错，大家就"宰大户"，让他掏钱请客。但我们国外回来的，觉得大家都要出钱，多少不论。反正在观念上，大家有一些差异。

国内这几年发展很快，但给我的感觉是硬件和物质变化很大，软件还没跟上去。比如说交通堵塞严重，没有人疏导，车乱开，行人乱走，不守规矩，看上去很无序。纽约的车也很多，但大小路口都有警察或者交通协管，所以还比较有秩序。我知道国民素质的提高不是一两天的事,需要很长时间。不过,国内也有进步的地方,以前很多公园都要收费,现在免费向公众开放了。另外,以前买火车票时都不排队,挤得要命,现在基本都排队了。

我现在虽然已经是美国公民了,但感觉自己还是中国人,关心中国的发展甚于美国。不管我在美国发展如何,根还是在中国,这点是不可改变的。虽然中国有一些不尽如人意的地方,但我还是有个愿望:将来退休后可以回去做点事情,两边各住半年。

我老家在衡水冀县码头李村,滏阳河流过村边,以前我们那里运输主要靠船,河水清澈见底,我小时候都在河里游泳。前几年回去,发现河流变成臭水沟了,老乡还从里面打水浇地,灌溉农作物、蔬菜,看了让人痛心!经济是发展了,但好端端的环境被污染了,把子孙后代的资源都给掠夺了,这笔债几代人都还不清!

小时候我家里很穷,过年吃顿好饭、穿件新衣裳都觉得挺开心,到美国后,一开始没钱,后来挣了一点钱,基本实现了经济自由,可是再也找不到小时候的那种满足感。以前我老想多挣点产业,将来留给子孙,弄个基金,让他们接受更良好的教育,现在这想法也还有,但不像以前那么强烈了。因为我知道,人的欲望是无边的,心里有很多欲望时,是没有真正的平安。虽然你可以挣更多的钱,一步步往上走,但并不通往天堂,所以人必须学会知足感恩。

在美国的这些年,我和大部分华人一样基本是闷头谋生活,很少参政。至于将来,我依然没有考虑过从政,但会做些力所能及的事情,去帮助别人。

访谈手记：

去国二十多年，但李炳臣经常怀念自己小时候生活过的村子。

清澈的滏阳河从村边蜿蜒流过，河底的沙子清晰可见。一到夏天，小伙伴扑通扑通往水里跳。夏天的晚上，大家坐在池塘边数星星，只见飞机拖着闪亮的尾巴从夜空悠然划过。天气好时，可以看到银河系悬挂在天边，神秘动人。当银河系变成东西方向时，孩子们就想起大人说的谚语：银河东西，冻得哼唧。

"现在每次回去都赶上雾霾，基本没见过蓝天白云，更何况银河系了！"说起这些年家乡的变化，李炳臣感慨万千。

在故乡未能见到的蓝天白云，在异国却是寻常景色，这让他很无语。他在美国的家位于 Ridgewood，新泽西州一个安静优美的小镇。正值春天，桃花盛放，草儿吐绿，周围安静极了，偶尔有松鼠跳跃而过。他的黄色房子掩映其中，有一种优雅的安静。他笑吟吟地立在门口，冲我招手。

得体的休闲装，温和的笑容，是个谦谦君子，看上去像个儒雅的大学教授，真的很难想像他是一个拥有 8 家餐馆的老板。

20 年前，32 岁的他辞掉了国内稳定的工作，将人生归零，两眼一抹黑地来到美国。夹杂在各种肤色的人群中，他"拔剑四顾心茫然"。人生地不熟，英文又不够好……各种压力扑面而来，半年时间，他瘦了 10 斤。

但是，上帝给你的试炼，从来不会超过你所承受的，对于李炳臣来说也是如此。他在好几个餐馆打过工，吃了不少苦，但是同时也积攒了很多经验，此后，他开始自己创业。餐馆一家接一家地开，最多的时候，一年开四家。

如他自己所言，天道酬勤，多年的辛劳换来的是经济上和时间上的相对自由。如今，他可以自由安排时间，有自己的健身教练，一周锻炼两次，回家还和儿子一起打球。53岁的他，身材挺拔、结实，看上去非常年轻。

一路走来，他感谢冥冥之中神的带领。"以前在国内时看似风光，实则危险，说不好哪天就滑入了深渊。现在的生活简单、平静，正是我想要的。"他喝了一口茶，平静地说。

采访间，我听见屋里有犬吠。他解释家里养了一条狗，有十几岁了，年纪比较大。曾经，他们一家出门旅行，把狗寄养在别处，结果领回来时，狗的表情很难过。从此，他和太太轮流带孩子出去，必定留一个人在家照顾狗。一家人的良善之心，可见一斑。

下午三点多，有人叩门。"我儿子放学了。"他起身开门。一个胖乎乎的男孩闪进来了，见了我，打声招呼，然后自己静静地去厨房。

我问李炳臣："你需要给孩子找点吃的吗？"

"他自己能搞定！"

采访结束时，我起身往后院一看，只见宽阔的草坪上，小家伙拿着一根棍连劈带打，跳跃腾挪，身形矫健，如猴王出世，煞是可爱。不一会儿，李炳臣的太太也回来了，她皮肤白皙，笑容可掬，一看就是那种活得很开阔的女人。

两人送我到门口，又聊了一会。太太说，我们19岁就认识，两人都是乐天派，凡事都往阳光的方面想。刚来美国时吃了不少苦……

19岁就认识,算来这段爱情已经延续了34年,从中国到美国,从少年到白头,从当年的地下室到如今宽绰的别墅。这一路走来,可谓甘苦与共。

"炳臣长了不少白发,我也是。"阳光下,太太怜惜地看着自己的丈夫,此情此景,煞是动人。

Lucy Liu 在美国教中文

履历：1969年出生于甘肃，自小随父母迁至北京。后毕业于北京一所师范院校，先后在北京西城区和海淀区从事小学数学教学工作，1997年2月赴美，此后一直从事汉语教学工作，现在美国新泽西州Bergen County一所公立高中教中文，育有二子。

采访时间：2015年4月28日下午

采访地点：新泽西州Wkycoff『星巴克咖啡』

（一）"Kids"难倒了我

◇ "在国内，我们学英文只知道'child'这个词，哪听过'kids'呀。当时有点沮丧，我这辈子英语听说恐怕是提高不了了，这可是一点都听不懂呀！"

1997年2月，我已在北京的小学教了几年数学，工作很稳定，但先生去美国密歇根大学读书了，我只好辞职跟过去陪读，当时也没想过会在美国待多久，没想到，这一待就是18个年头。很多刚来美国发生的事情好像就在昨天。

刚到美国时，我们住在校园的family house（家庭房）里，有一天我和老公一起去办注册手续。当时工作人员问我：Do you have kids（你有孩子吗）？我想都没想，就答：Yes！先生急了，

Lucy和小儿子

赶紧回答:No, we don't have kids。然后转身告诉我:人家问你有没有孩子,你有吗?(笑)当时的我真巴不得有个地缝钻进去才好。

在国内,我们学英文只知道"child"这个词,哪听过"kids"呀。(笑)当时有点沮丧,我这辈子英语听说恐怕是提高不了了,这可是一点都听不懂呀!后来,我上了一个语言学校,把英语慢慢捡起来了。

要在美国生活,除了提高英文,学车也是一件很重要的事。当时学生很穷,很少有人去花钱上驾校,都是老公教老婆。我是在校园里练的车,教练当然就是我老公。很多夫妻在学车时肯定要吵架,最后车没学好,还闹得一肚子气,大大影响了夫妻关系。为了不重蹈别人的覆辙,我就和老公说好了,我学车可是为了将来孩子万一生病了或者要学什么东西接送他,如果他跟我发火,我就彻底不学了。老公喜欢孩子,未来的孩子可是他的眼珠子。这招还真灵,老公从头到尾都没说过我一句。(笑)那时我练车都是在半夜校园里没有车的时候,老是沿着黄线开,两边不敢靠,车技很不咋地,在老公耐心指导下,才慢慢练出来了。(笑)

1999年,我家老大出生了。新生命的到来给我们带来了无穷的欢乐,也给本来就穷苦的学生生活增加了不少压力。2001年老公毕业了,我们终于脱贫了,很快就有了自己的房子。2003年,老二出生了,看着别人家的老人来帮忙我可羡慕了,可是我们两家老人都不能来,我只好自己带孩子。也许是上帝看我太累了,老二出生几个月的时候,我的公婆来帮我带了一段时间孩子,老少三代在一个屋檐下度过了很多美好时光。我也才有机会抽出时间修一些课程。那时候出来陪读的太太们除了学电脑就是学会计,似乎很少有更多的选择。我选择了会计专业,在印地安那州立大学上了一些课,后来发现会计专业并不适合我,所以就放弃了。

来美国不久,我就开始在中文学校教中文。我教过老外收养的中国孩子,他们几乎一点中文都不会,所以逼得我必须和他们讲英文,这样英文慢慢有了进步。2008年,我们一家搬到新泽西,发现中文在这里特别有市场,所以就开始专注教中文了,也开始修一些中文教师执照的课程。那时老二上学前班半天,我只能接了他一起去做家教,后来他上一年级全天了,我的自由时间多了,教的学生也多了。最初我是到别人家里做家教,大部分是美国家庭,也有韩国家庭,空闲时也和学生家长聊家庭文化、夫妻相处之道,无形之中英文的听说能力也就慢慢提高了。

后来学生越来越多,我觉得跑来跑去顾不了家,就让他们到我家里来，最多的时候，我教过十几个学生，有学龄的孩子，也有成人。在当家教的同时我也教成人学校，基本是一半时间学习一半时间聊天，我们交流中国文化，同时也聊聊彼此的生活，英语就是在这个过程中逐步提高的。

（二）变着法儿让学生喜欢中文

◇ "以前在国内时，觉得老师应该什么都懂，如果不懂会觉得很尴尬。在美国就没有这种感觉，大家都是比较平等的，学生觉得老师有不懂的地方也很正常。"

为了提高英文，我还专门到离家很近的一个学前班工作。刚开始做助教，钱给的很少，一个小时才九美元，扣去税，所剩无几。但是我的目的是练口语。这里有个规矩，助教要轮流去打扫厕所，直到有机会成为老师就不用打扫厕所了。我当时很犹豫，要想留下来就要去扫厕所，否则只有走人。我当时实在不想打扫厕所，觉得心里特委屈，所以轮到我打扫厕所的时候，我就干脆辞职走人了。(笑)一共做了五个月，时间并不长，可是英语听说真的提高了不少。辞职还有另外一个原因，同事大部分的教育程度都不太高，说的英语单词怪怪的，我除了能跟小孩子练练口语外，其他觉得学不到什么。现在想想如果我没走，忍两个月就成为正式的老师了，因为当时那个主任很喜欢我。"塞翁失马，焉知非福"，如果当时没有辞掉，可能就没有我现在这份工作了。

当时特别好玩的是，我的两个同事，一个是韩国人，一个是南美人，她们都来美国好些年了，英文都比我好。每次电话一响，我就往后缩，让她们去接电话。后来那个韩国同事鼓励我：你必须要学会接电话，慢慢就好了。我这才硬着头皮去接电话。慢慢地，觉得自己能听懂的越来越多了。而且，整天和孩子接触，而孩子讲话时不会因为你是外国人而放慢语速的，所以你一旦能听懂孩子的话，英文也就差不多练出来了。反正在学前班的5个月，对我英文的提高大有帮助。

因为两个孩子年龄小，所以我专心在家照顾他们，没怎么正经上过班。虽然我早就考了一个汉语教师资格证，但是没有用心找过工作。

2013年冬天，一个公立学校需要中文代课老师，要求老师必须有新泽西州中文教师执照，我刚好符合条件，于是去代了几周课。没想到这短短的几周公立学校的教学经历却在我履历上增加了重要的一笔，给我带来了机会。在代课即将结束的时候，一个当时也在找工作的朋友告诉我，在网上看到我家附近一个公立高中在招中文老师，建议我去试试。我想着孩子也大点了，自己有了空闲时间，可以出去工作了。所以就投了一份简历，里面提及我在那个学校的代课经历。过了几天，学校让我去面试，还要试讲一堂中文课。

我在家精心准备了一节"中文数字"的课。学校的外语组主任和校长给我一个西班牙文班的学生，同时他们自己也坐在下面听。那堂课是讲解"怎样用中文数一至九十九"，同时还学了一至十的汉字写法。说实在的，这看起来简单，但要让美国学生明白也不是件容易的事。我引用了一个故事：一个孩子学数字，知道"一"是一横，"二"是两横，"三"是三横，自以为已经掌握了，所有的数字都是顺推。老师看出了他的骄傲，就让他在屋子里用中文写"1000"，孩子画了无数个横，写得满头大汗，还是没有完成。最后老师告诉他："1000"就是"一千"，凡事不要自以为是，要耐心，要不断学习。当时我还让学生上来写"四"，真有人写成四横的。（笑）

讲课结束后，主任说我给学生讲的故事让人印象很深刻，校长说："这是第五次听人讲同样的课了，你很特别！"

反正我那天的表现他们还挺满意。这样，面试后没几天，他们就告诉我，我被录用了。这是 part-time（兼职）工作，比较轻松，而且离家很近，工作家庭两不误，我真的很幸运！

我们学区三个镇共用两个高中，两个学校一起开中文课，这是第一年开，我也是两个高中唯一的中文老师，学校规定只要够10个学生就可以开一个班。主任让我准备一下去另一个学校试讲，我有点为难，她说，这样吧，你把上次讲的内容再去那边讲一遍。我就去讲了，学生反响挺好，但是校长当时不在。过了没两天，学校通知我去见校长，他笑眯眯地说，我们已经决定雇你了，如果你对目前的工资不满意，我们可以再谈谈。

说实在的，这份工作工资不算高，我是 part-time，一天上两节课，一年就2万多美元，如果以后一天上5节课就算全职，一年可以拿5.5—6万美元。但我并不在乎钱多少，因为学校离我家很近。

你知道中文是世界上最难的语言之一，光老师自己懂没用，重要的是如何让学生也能明白。所以我必须要在讲课形式上多下功夫，想着法子让学生喜欢。这是一个很大的挑战！

中国文字是象形文字，但仅限于一些基础文字，比如水、山、田等，这个容易些，我可以画出水、山、田的图形，告诉学生如何演化成文字的。但是难一点的字就不好教了，笔顺很复杂，学生就把写字当成画画，有的从右往左，从下往上写，还问我：老师，这个字怎么画呀？看，在他们眼中，汉字就是画出来的，而不是写出来的。（笑）

每年的几个重要中国节日，比如春节、中秋、端午，是我给学生讲中国文化的好时机。比如春节，我在家里把饺子馅拌好了，去超市买好饺子皮，拿到班上让学生包，次日煎好了从家里带过去，让学生也从家里带点食物，全班开个小型的party，大家一边吃，一边聊中国文化。我还给他们每个人包一个红包，里面放一块人民币，他们可开心了！（笑）

中秋节到了，我会给学生看关于后羿射日、嫦娥奔月的故事，让他们初步了解中秋节的文化内涵。同时带了月饼，切成小块让他们尝。有的学生从小到大没见过月饼，不敢吃，但很多人敢吃，觉得味道还不错。以前我做家教教过成人学生，也给他们带过月饼，其中一个学生70多岁，是个大夫，他把我给他的一块月饼带回去和太太分享，两个人高兴得不得了。（笑）

端午节时，因为粽子的味道比较奇怪，怕他们吃不惯，所以就没带粽子，但我会买一些彩纸叠成粽子的形状，告诉他们端午节的由来，以及粽子的含义，他们听得津津有味。

最好玩的一次是国庆节，我截取了一些天安门游行的录像给他们看，因为队伍太整齐了，动作都是一样，所以很多学生都说阅兵队伍像机器人。（笑）因为在他们的印象中，游行队伍走得乱七八糟才正常，不可能如此整齐。

我现在教三个班，一个班15个人，一个班11个人，另一个班22人，一共48人。明年要增加一个班，工作量要大一些，再过一两年会从part-time（兼职）变成full-time（全职），我很喜欢这份工作，做得也挺开心的。今年班上有很多12年级（相当于中国的高三）的学生告诉我，他们到大学后还会选修中文的，因为他们觉得中文很有意思。当老师的，最开心的莫过于听到这个了。

班上有个女孩，家里是讲福州话的，之前一句中文都不会讲，但现在能用中文和我聊天了，每天看见我就尽量用中文说：我今天好累，头好疼……看到她那么喜欢中文，我觉得很有成就感。

和学生在一起，我也学到很多东西，比如他们讲俚语，我很多听不懂，就问他们，这样自己也学了不少。以前在国内时，觉得老师应该什么都懂，如果不懂会觉得很尴尬。在美国就没有这种感觉，大家都是比较平等的，学生觉得老师有不懂的地方也很正常。你知道我们在国内学的是英式英语，"football"是"足球"，但美式英语里这个词是指"橄榄球"，"足球"一般指的是美式足球，应该是"soccer"，我把这些告诉学生，他们哈哈大笑。

现在中文在美国挺热的，所以从事中文教学的人也不少。据说光新泽西州就有一万多人有中文教师资格，我们所属的Bergen郡大多数高中都开设了中文课，一般一个学校有一个中文老师。不但是学校，很多和中国有业务往来的公司也有人在学中文。我以前也在一个美国玩具公司教过一段时间中文，他们在中国有工厂，经常要派人去中国出差，要请翻译，可是又怕他们翻译得不准确，所以就自己学。

我在成人学校还教过一个老人，他是纽约的一个医生，平时很忙，跟我学了三年就没再学了。他去过中国的北京、上海等地方，对中国比较了解，一次课堂上还问我太平天国怎么回事，这可难倒我了，因为我历史很不好。（笑）他到中国旅游，发现自己能听懂一点中文，回来很高兴。

现在，我学校的老师基本都会说"你好"，有个法语老师问我，You're bad 用中文怎么说，我告诉他，"你不好"，结果他见谁就说"你不好"。后来他又问我"Get out（滚开）"怎么说，我吓得不敢教他了。但他会说"我爱你"，见了我就说"我爱你"，每次我们都乐得不行。"我爱你"在美国是一种文化，千万别误会。（笑）

（三）在美国当老师并不轻松

◇"中国孩子的学习主动性普遍比美国强，所以就成绩来说比美国孩子好。但是中国是灌输性教育，孩子一般比较循规蹈矩，创新性差一些。但美国孩子是发散式教育，平时有很多活动，创新性强。"

在美国当老师一点都不轻松。

每年，学校要求做一个 documentlog（文档日志），要把所有工作内容都放进去，包括听课的结果、课堂的规则、学生的 project（项目）、给学生的 vedio（录像）等，一年两次，10月一次，4月一次，这是期末评价老师最重要的依据。我刚进去时，什么都不知道，虽然学校给我安排了一个指导老师,但我也不好什么都问人家,所以只能自己摸索。好在现在信息渠道很多,我从 YouTube、Google 等网站上搜了好多资料,总算完成了。今年感觉好多了,因为去年囤了不少东西。说真的,当时压力太大了,好几次都有辞职的念头。好在扛过来了,现在感觉顺多了。(笑)

从去年开始,新泽西州评价老师的系统改了,开始给老师打分,它没有与你的待遇挂钩,但还是让人感觉压力很大,因为如果你表现太差,就可能要离开了。实行这个制度是因为,美国有教师终身雇佣制,如果一个老师在同一个学区教书,教授当 7 年,或者普通老师当 4 年,学校就不能轻易裁掉他,可以终身雇佣,否则工会会抗议。如果换学区的话,则要重新计算时间。有此项制度做保障,有的老师就不好好教书,所以新泽西州就采取给老师打分的制度,对老师进行动态管理。总分一共 4 分,其中学生成绩是 0.8 分,每学期学生会考两次试,老师定目标,如果达到的话就得 0.8 分。其他的 3.2 分,是由主任和校长来评的,他们会来听两次课,一次是事先通知你的,一次是突然推门进来的,然后根据讲课情况,结合教师做的 documentlog 进行评分。大于 3.5 分是 A 级,2.65–3.49 是 B 级,少于 2.65 是 C 级。如果你第一年得了 C,第二年还是 C,对不起,你可能要走人了。

我还算幸运,第一年就得了 3.25 分,B 级。我今年都 46 岁了,对自己期望值也不高,有份稳定工作就很好了,不像在中国那样会追求进步,所以自己认为已经很不错了。今年我得了 3.34,比去年提高了。今天主任还问我:你对这个分数满意吗?我回答:非常满意。做事不能做得太完美,否则就没有进步的空间。她也乐了。(笑)

另外一个问题是，如何让课堂更活泼有趣，留住学生。在我们学校，学生选一门外语课达到两年后就可以不选，换另一种语言。如果学生少了，老师的课就少了，变成 part-time，part-time 意味着你的健康保险和退休金都没了，所以大家都愿意做 full-time。有的外语课因为学生太少，所以就取消了，我以前代课的学校，法语课就被取消了，我们现在的学区因为拉丁语和俄语没有人选，所以也取消了，这样老师可能就要走人了。因为竞争激烈，所以老师要变着法吸引学生到自己的课堂。我喜欢折纸，所以经常把折纸用在课堂上，比如学颜色时，叠各种颜色的立方体给学生看，让他们用中文说颜色。今年，我还从中国带回很多京剧脸谱，让孩子自己画，然后告诉他们中国的京剧文化，他们有的画得可好看了。

在美国当老师，还有一个问题是，你需要处理的关系比在中国复杂许多。在中国当老师，你只要对学校负责，把该上的课上好了，达到教学目标，基本就可以了，至于家长和学生是否满意，似乎不需要太在意。但美国就不一样了，老师和家长、学生的关系非常重要。你有时会因为一句不合适的话，让家长和孩子不满意，他们就直接去找校长。如果后果严重，有可能就失去工作。此外，如果学生表现不好，中国的老师可以骂他几句，家长会觉得你是为学生好，只要不过分，一般不说什么，但美国就不一样了，如果你骂孩子，可能就触犯法律了，要受到处罚的。所以不管班里孩子多淘气，我都要耐着性子哄他们。因为一旦有啥事，美国的校长是不会护着老师的，你该怎样还得怎样。

就如何处理好与学生关系这件事，我曾经请教过我的指导老师，她建议不要与学生关系太近，保持界限。但我这人天生性格外

两个儿子是Lucy最大的幸福

向,又喜欢孩子,所以和他们的关系特别好,有孩子问我:老师,毕业后我们可以成为朋友吗?我们可以和你联系吗?我总是回答:当然可以,到时我请你们吃饭!现在我是老师,你们是学生,你们毕业后我们就是朋友了。学生听了都很高兴。

我在中国教过5年书,现在又在美国教书,中美两国的孩子确实有很多不同。中国孩子的学习主动性普遍比美国强,所以就成绩来说比美国孩子好。但是中国是灌输性教育,孩子一般比较循规蹈矩,创新性差一些。但美国孩子是发散式教育,平时有很多活动,创新性强。我所在的高中,就有150多个课外小组,我本来想申请一个中文小组,但因为已经太多了,所以今年不批新的了。我的两个学生,参加了学校一个百老汇的歌剧"油脂"的表演,他们希望我去观看,歌剧在学校礼堂演出,出乎我意料的是居然座无虚席。一对年轻人的爱情故事,两个半小时,演出的有近四十个人。我很纳闷,高中那么忙,他们哪有时间排练?其中一个女孩唱歌好极了,听说还到国外表演过。他们的表现非常专业,而且很用心,让我很感动。以前没时间参加学生的活动,以后看来要多参加一些。

在我看来,美国孩子实在是太自由了,自由得有点放任自流了。比如我儿子的学校,如果一天有四门考试,其中一门可以推掉,改日再考,在我看来这简直有点不可思议。还有,开学后学生选课,如果一个月内不喜欢可以换别的老师,这一改动会给学校行政人员增加很多工作量的,但他们还是愿意给孩子选择的自由。

不过,美国的小学初中都很轻松,但上高中后就很累了。我家老二今年上六年级了,还天天从放学玩到天黑,但老大上十年级就很辛苦了,每天晚上11点多才睡觉。

到这个学校工作之前,因为没有深入了解美国人的机会,所以一直觉得他们特别单纯,没有办公室政治。但是后来,我发现,不管哪个国家,人性的特点是差不多的。我上班不久,就发现办公室的同事也分group(组),背地里也会议论主任和校长。因为我是新人,他们都想拉拢我,但是我这人不好事,保持中立,跟谁都过得去。他们议论谁,我假装听不懂或者听不见,不掺和他们的事。不过美国人相对比较率真,很直接,比如一个老师就当着我们面说主任教课教得可差了,也不怕有人打小报告。有的说,主任不在了,我可以干点自己的事了。结果她真的做了!但是他们议论归议论,不会在背后陷害谁。(笑)

（四）美国不是天堂

◇"美国人的平等意识也很强，没有人因为自己是扫垃圾的就感觉比教授低人一等，而是自得其乐，每天都开开心心的。"

让我惭愧的是，虽然我是中文教师，但是没把自己两个儿子教好。老大中文学了一段时间，暨南大学编的一套中文教材学了四册，认识两三百字。当时我对他们太严厉了，如果听写写不出来，我就很生气。我 push（推）得太厉害了，所以他学得很痛苦。后来他长大了，功课越来越多，我也越来越忙，所以就放弃了。老大现在在高中还选修中文，他说如果回到从前，就要好好学中文。我在想，如果回到从前，我也知道怎么对待他们了，应该把学习重点放在听说读上面，而不是在写上面下太大功夫，可能他压力就不会那么大了，可是当时哪里知道啊！（遗憾）老二过两年上高中了，就在我所在的学校，我说：如果你想学中文，妈妈可以教你。他赶紧说：不要不要！（笑）

现在，两个儿子可以听一点说一点中文，比如说"我喜欢吃面条"什么的，我说的他们基本能听懂，但是超出这个范围，他俩就迷糊了。一次，我问他们长大后要不要当教授，他们困惑地问：什么是教授啊？我告诉他：就是知识渊博的人。老大问：渊博？是不是 round neck（圆脖）呀？我肚子都笑疼了（大笑）。

其实，我真的不希望他们成为"香蕉人"，外黄里白，我希望他们能多了解中国文化，这样将来不至于身份迷失。我一个朋友也是移民过来的，他儿子在美国出生的，所以从来都觉得自己是美国人，但是上大学后找人合租房子，没有人愿意和一个中国人合住，他感到很迷惑，也很受伤，这才知道自己不是别人眼中真正的美国人。我不希望孩子将来遇到这个问题时会迷惑，所以现在就告诉他们：你们是中国人的孩子，有中国人的面孔，有中国人的习惯，和美国人不是完全一样的。所以别人认为你不是真正的美国人时，你不要觉得难过，因为每个民族都有它好的地方。现在再问他们两个是中国人还是美国人，他们有时不回答，有时会迟疑一会，然后说：both（都是）。(笑)

最好玩的是看体育比赛，比如2008年奥运会，如果中国队和美国队比赛，我衷心希望中国队赢，两个儿子则希望美国队赢，如果中国和别的国家比赛，他们就希望中国队赢，毕竟还是有中国背景在那里的。但是到他们的后代可能就没有这个问题了，他们没有文化上的纠结，会很自然地认为自己就是美国人。

有时我在想，我老公是河北人，是家里唯一的男孩，父母以他为荣，把他以及我儿子的名字写进家谱里，以后我儿子的儿子还会在家谱上吗，估计就不会了。一个家族的家谱可能就因此少了一个分支。(笑)

人有时真的很矛盾，自己移民来到美国，根没了，心里很惆怅，但是孩子在这里生活得幸福开心，自己又觉得应该留下来。我父母身体好时，会想到我们三姐妹都在国外，生活不错，感到很欣慰，但他们身体一旦不好，就会觉得孩子不在身边，心里很挂念。将来孩子上大学不需要我照顾了，我想回国多陪伴父母。

美国人没有尊老、孝顺这些观念，不管是儿女还是老人，都觉得在经济、感情上应该独立，彼此界限很分明。而中国人呢，走向另一个极端,觉得孩子就应该赡养父母,不管经济能力怎样,而且人与人之间界限不明。我希望孩子将来in the middle(在中间),不要像美国人那样亲情疏离,也不要像中国人那样毫无界限。美国人夫妻之间也很客气,相敬如宾,经常说:Thank you!我什么都喜欢in the middle的状态,但觉得那种中间的火候真的很难把握。其实我不赞成相敬如宾,而喜欢相濡以沫,希望到老了还能和我老公手牵手,哪怕去吃麦当劳也会很开心。(笑)

我特别喜欢美国人的一点是,他们比较友善、简单,不容易记仇,事情过去就过去了。前一段我们孩子两个队篮球比赛,一个队的教练很在乎结果,觉得裁判裁决不公,两个人吵得面红耳赤。我心想:完了,这两人关系要崩了!结果呢,第二次见他们,两人又有说有笑,似乎什么都没发生过。这要搁咱们国人身上,怎么着也得有一段日子不说话。(笑)

我邻居是个美国单身男人,我们很少说话,见面就是互相点点头。一天儿子玩足球,不小心扔到他院子里,儿子要去捡,被我制止了。美国很多人都有枪,万一出意外呢?过了两天,邻居把球送过来了。

我的房子在大马路边,一下雪铲雪车把雪都堆到我家门口了,我们没买铲雪机,只能用铲子铲。有两次吧,邻居都主动过来,说:我帮你吧。一天我老公修车,但车推不动,邻居回来了,主动过来帮忙,真是让我挺感动的。美国普通老百姓对人还是很和善的,他们帮人很自然,发自内心的,没有任何目的。

美国人的平等意识也很强,没有人因为自己是扫垃圾的就感觉比教授低人一等,而是自得其乐,每天都开开心心的。妒忌心理也不强,不会因为你开宝马,我开一辆破车就感到自卑。美国人看到别人比自己强,是祝贺,而中国人可能更多的是妒忌。这可能和从小受的教育有很大关系。美国学校很重视人格教育,对人格的重视往往甚于成绩,而中国正好相反,所以两个国家的普通老百姓有很大差异。

不过说实在的,到美国18年了,我老搬家,也和不少美国人交往,但最后很难成为好朋友。一开始我觉得是语言问题,但后来语言过关了还是不行,我这才想到,可能是文化问题。以前,儿子的美国同学的妈妈会组织 mom's coffee hour(妈妈咖啡时光),我也去过几次,但是发现很难找到共同话题,比如她们会评论学校老师的好坏,会说自己老公的生意、美式足球比赛等等,可是我老公不是做生意的,足球也看不懂,就觉得没啥聊的,去了几次就不去了。就我本人来说,我心里一点也不抵触美国人,但我接触到的一些嫁给美国男人的中国女人,虽然表面上看不出来,但走近就会发现,她们内心其实挺孤独的。这可能就是因为彼此之间文化差异太大了。

我的美国同事也有想和我交朋友的,我不拒绝,但也不渴望,顺其自然好了。我见过一些来美国的人,很努力地想融入美国社会,结果发现还是融入不了,就很难过。我觉得开心就好,融入与否不是最重要的。如果高中时候就来,可能融入容易些,在中国待到三十岁才来,思维、习惯基本都定型了,完全融入哪有那么容易呀?不瞒你说,我现在还经常看国内热播的电视连续剧,什么《甄嬛传》、《不能没有家》,都看。(笑)

很多国内的人可能都觉得美国是天堂,其实不是的,在美国生活也不容易,压力也很大。有时我为了缓解压力,会一个人在咖啡馆待着,看过往行人,觉得也是一种放松。来美国18年了,有了老公孩子,有了自己的房子,有了稳定的工作,但依然觉得美国不是自己真正意义上的家。而我在北京没有自己的房子,但觉得是自己真正意义上的家。这种情感我老转不过来。我爸妈的房子在西城区,三环内,上个世纪八十年代修的,楼里有60多户人家。小时候我们小孩老在院子里跳皮筋、玩耍,他们是看着我们长大的。现在每次回去,都能听到有人去世或搬家的消息,心里挺难过的。

前些年我觉得自己不可能回去养老了,我身体不好,国内环境比较差,而且又没有医疗保险。但现在随着年龄的增长,乡愁越来越浓。以后如果两个国家的保险可以共通,在身体许可的情况下,我会考虑两头跑。父母年纪一天天大了,而我离家这么远,没法好好照顾他们。我真的很害怕"子欲养,亲不待",所以将来等孩子上大学了,一定回去好好陪陪他们。

今年4月份我回了一趟国,还好,没有什么雾霾。我记得2012年春节回去时,因为雾霾太大,我成天咳,但一回到美国就好了。当时河北的天空像个罩子,人根本没法呼吸,太可怕了!国内给我的感觉是,服务越来越好了,比如到超市买个东西,找工作人员询问什么,他们都很好,一般都耐心解答。还有坐公交车,不知道到哪站下,售票员到站就会提醒我,态度比以前好多了。而且这些年国内的交通太方便了,以前去趟通县,恨不得早上去晚上回来,现在地铁一个上午就来回了。还有高铁的发展也让人感到惊奇,以前我去河北邢台,坐一晚上火车才到,现在坐一个多小时的高铁就到了。

国内一天天变好了,但我因为出国太久,所以回来有异乡人的感觉。回国时坐公交去人民医院,不知道涨价到两块钱了,还拿一块钱的现金给售票员,车上的人都奇怪地看着我——因为他们都刷公交卡。哎，我看上去真的很像一个外地人。(笑)到了人民医院站下车，发现自己找不到地方了，以前这地方多熟呀。没办法，问了一个大爷，他说自己刚好也去医院，让我跟他走。到了医院，我去挂号了，还问了大爷一句：你挂号吗？他奇怪地看我一眼，说：在网上预约过了。我"喔"了一声，自我解嘲地说：我好久没来医院了。(笑)

在国外待的时间长了，觉得自己越来越傻，回国一看周围的人，个个都是人精，会察言观色，会来事。我一个朋友，那说话、待人处事简直就是滴水不漏、炉火纯青，和她一比，我觉得自己特傻。我在国内时还行，人情世故啥的，整得还算明白，这在国外待了18年，把自己待傻了。(笑)如果真要回去工作生活，我还真处理不了那些复杂的人际关系。算了，就这么傻下去吧。(笑)

在国外待的这些年，我觉得在对孩子的教育上，自己的观念也有了很大的变化。以前我也和所有的中国父母一样，希望孩子成绩好、上名校，推动他们实现自己未能实现的梦想，所以对他们要求很严厉。一旦他们考试没考好，我就会批评他们。但是这几年我转变了观念，我觉得只要孩子健康快乐，就是教育的最大成功。

老大上了我们这个郡最好的高中，学校里全是各镇的精英。学校现在就开始分医学、机械、计算机等专业，我儿子上的是机械专业，他的科学课稍微差了一点，自己觉得压力很大，回来对我说：为什么大家都比我聪明？而以前，他在初中是班里前几名的学生，非常自信。高中第二年有一段时间我发现他回家不说话，也不告诉我们学校的情况，早晨又起不来，整个人很没精神，对什么都不感兴趣，我意识到他有点问题了，有点青少年抑郁症症状。于是我找了两个学校下午没课的时间，请他自己挑餐馆，请他吃午饭。

其实吃饭只是一个方式，而交流才是真正的目的。孩子到了高中，跟父母交流得本来就不多，发现问题后不及时帮助他们，有时后果是不堪设想的。吃饭的时候，我告诉他：健康和快乐在人生中是最重要的，妈妈希望你健康快乐，而不希望你成为成绩很好但不快乐的人。你只要尽力了，成绩不好，妈妈不会怪你的。儿子感动地哭了，之后快乐了很多。以前他坐校车回来，我去车站接他，都要问他：今天考试了吗？考几分？现在我一般问他：今天去体育馆了吗？打乒乓球了吗？如果他告诉我考试只考了70分，我会说：good enough（够好了）。而以前呢，我估计要说几句了。因为我的理解和开导，儿子现在的成绩反倒比以前更好了。

老二今年上六年级了，看哥哥上了好学校，也跃跃欲试的。他曾经问我，如果他考不上哥哥的学校我会不会失望，我毫不犹豫地告诉他不会，同时也帮他分析了原因，我说学校每年情况都不一样，考不上也没关系。哥哥考上了，并不意味着他就比你优秀。在妈妈眼中，你也非常优秀。有一天，我问孩子：妈妈是虎妈吗？他俩回答：definitely no（绝对不是）！我又问：那妈妈都不管你们吗？回答：no。我不甘心，又问：那妈妈到底是什么样的？两人异口同声：perfect in the middle（最好的中间状态）。（笑）我现在觉得"in the middle"的状态最好，这是需要智慧的。记得以前我腰不好，去看韩国大夫，他居然建议我读《中庸》，他说，人一旦学会中庸，什么病都不会有了！现在想想确实有道理。（笑）

访谈手记：

这是四月的一个下午，春风绵软，樱花怒放，一切似乎刚刚好,不管是人事,还是花事。

我和 Lucy 约好在 Wyckoff 的一家星巴克咖啡馆见面。说是采访,其实更像两个女人的下午茶,轻松,愉快。Lucy 出生在西北的一个小城,自幼在北京长大,虽然去国 18 年,但依然有着北京大妞的爽快,有问必答,毫无保留。

在北京教数学的她,到美国后却教起了中文,而且十几年如一日,命运的安排让她自己都觉得很神奇。谈及现在的工作,她的快乐溢于言表,她说自己真的很喜欢,不但能和别人分享中国文化,而且也可以从学生那里学到很多东西。说着说着,她打开手机,让我看里面学生画的京剧脸谱的照片。这些脸谱,是她不远万里从国内带来的,其对工作的热爱可见一斑。

这个说话倍儿爽的北京女人,谈到先生时却一脸柔情,两眼溢着温柔的光,成了情意绵绵的小女人。她说先生是学理工科的,一点都不浪漫,自己给他起了个外号叫"小木头",但他做事非常执著、踏实,而且每次家里遇到什么问题,他总是不慌不忙,不管说话还是做事,都非常得体熨贴,让她感觉很舒服。

2001 年,Lucy 带着孩子回了一趟国,看到父母年岁渐大,身体不好,而自己三姐妹都在国外,她的心里特别酸涩。回到美国后,她和先生说:"我想回国照顾父母。"先生安慰她:"你的心情我很理解,但是我们现在刚刚稳定下来,我刚找到工作,房子也买了,你说我们能回去吗?"她觉得先生说的在理,所以就不再提回国的事了。

去年圣诞节,两个人一起去纽约看夜景,难得享受了一回二人世界。Lucy 说,她觉得两个相爱的人最美的境界,就是拉着对方的手慢慢变老。"我希望将来和老公就是这样的。"她笑着说。

十几年过去了,经过两个人的打拼,一家人过上了典型的美国中产阶级的生活。用她的话说是,不算很有钱,但也过得去。在旁人看来,她已经在美国扎了根,而且过上了让人艳羡的生活。不过在她的心中,似乎只有北京西城区那幢老房子才是真正意义上的家,那里有童年的印象,有父母的牵挂,有青春的回忆。"每次回去,我都愿意和父母待着,很少出去。我一出门,爸妈就很紧张,怕我迷路了。"Lucy笑着说。

可不是吗,北京真的变化太大了,昨天还矗立的牌楼,今晨可能就被推平了;几个月前长满荒草的废墟,半年后就起了高楼。在北京生活的16年里,我经常被这些变化惊得眼花缭乱,更何况去国多年的Lucy?

她和我说起自己在北京像个异乡人的遭遇,让我听了心有戚戚焉。每个人的心中都有一个故乡,但是长大后却再也回不去了,物是人非事事休。还是那街道,但行走其间的却是陌生人;还是那街角咖啡馆,但老板已经换了几茬;还是从前那条河,但河里漂的已经不是水草,而是垃圾和死鱼……我们真的回不去了,只能在惆怅的回望中和故乡渐行渐远。

世事波上舟,沿洄安得住。在时间的长河里,我们只能被裹挟着踉跄向前。而我们渴盼的最美的故乡,也许在心不在远处。是这样的吗,Lucy?

刘勇

在美国，每个人都是主流

履历：1973年出生于中国四川万县（现为重庆市万州区），1989年考入中国科技大学自动化系，1997年取得硕士学位，同年赴美，攻读麻省大学电子和计算机工程系博士。2002年毕业，在该校计算机系做了三年博士后。2005年至今任教于纽约大学工程学院。

采访时间：2015年5月20日

采访地点：纽约市布鲁克林，刘勇家中

（一）带着科大人的出国"标配"赴美

◇ "美国本来就是移民国家，大家来自不同的地方，互相融合又各自保留自己的文化和生活习惯，千姿百态，各得其乐，所以不是一定要融入主流社会的。"

1989年我考入中国科技大学时，学校的出国风气非常浓，尤其是数学和物理专业非常热。当时美籍华裔科学家李政道和中国高校搞中美联合招博士生，全国统考。你知道科大学生很擅长考试，而且英文学得特别好，最后，全国前十名中，有八个是科大的。我读的自动化系算工科，其实出国的不算特别多，但是当时受学校风气的影响，也想出国。

工作中的刘勇

那时候,我们对美国的了解非常有限,而且片面。虽然改革开放已经很多年了,但是整个国家和美国的直接交流并不多,改革开放头几年出国很难,还得有海外关系才可以申请。在当时的我看来,美国科技先进,很多发明都走在世界前列,因此觉得如果将来要搞科研,美国是个较好的选择。而且当时美国经济发达,而国内的物质相对匮乏,所以我也很想了解一下美国的具体情况。所以就准备托福和 GRE 的考试,很快就顺利通过了。

1997 年暑假,我回家准备出国的东西。之前我在学校电脑的互联网上看 BBS 论坛,看要准备什么,上面是校友们写的帖子,说要带高压锅、纯棉保暖内衣、炒锅、磨刀石等,非常详细。因为飞机是从北京起飞的,在我哥的陪同下,我还真买齐了这些东西。当时 BBS 上有人调侃:这是科大人出国的标配,如果海关看到这些东西,肯定就知道是科大的。(笑)

就这样，我带着炒锅、磨刀石、高压锅、纯棉内衣来到了美国。当飞机起飞的时候，突然一下子意识到自己离家远了，而且当时经济又不宽裕，将来回趟家可能是好几年以后的事了，心里不禁有点惘惘的。飞机是美国西北航空公司的（现在是美国联合航空公司），空姐全是美国人，都说英文，我知道自己即将抵达的地方是讲英文的，心里很紧张。我是在底特律转机的，从一个 terminal（航站楼）到另一个 terminal 要坐摆渡车，我有点忐忑，不知道自己坐对了没有。当时我的英文程度呢，应付考试还是可以的，但听和说还是有障碍的。

飞机晚点了两三个小时才到终点，一个同学来接我，科大的师兄帮我找房子。因为一开始就有人接待，所以感觉还好，不是那么孤苦伶仃的。他们当中有人是教会的基督徒，对人特别好，给我买家具、餐具，其中的几个铝碗特别结实，我到现在还用着，这都18年了！（笑）那时周围也有很多新来的同学，他们和我一样茫然，所以大家待在一起就有安全感了。（笑）

我是学工科的，所以读博士很重要的内容就是做实验。实验室的老板是中国人，师兄也大多是中国人，只有一个印度人，他白天不来晚上来，不知道是不是觉得在中国人当中有压力？（笑）学习还不算太难，虽然我的口语不太好，但专业英语没问题，而且很多时候都是做实验，不需要太多的口头交流，所以我的过渡还比较舒服，不那么难受。

我学校所在的地方是大学城，周围有好几个大学，活动虽然不像纽约那么多，但课余大家打打球，聚会吃吃饭，日子过得还不错。

大家都说文化差异这件事情，可能我是学工科的，对文化差异不敏感，而且我向来就没有想过一定要融入所谓的美国主流社会。美国本来就是移民国家，大家来自不同的地方，互相融合又各自保留自己的文化和生活习惯，千姿百态，各得其乐，所以不是一定要融入主流社会的。大家凭自己的兴趣去生活，比如踢球，我可以选择和中国人踢，也可以和外国人踢，只要觉得开心，没有什么不可以。所以，我从一开始就觉得在美国待着没有太多障碍。

在麻省大学的几年，我学了很多东西，这对我后来成为老师有很大的帮助。美国学校给我的感觉是专业课教得好。老师最大的任务是科研，而不是教学，这样他会把日常研究的成果引入教学，让学生吸收到的都是该领域最前沿的知识。国内大学的基础课很扎实，但专业课还是比美国学校弱一些。而且，美国大学很注重培养学生的动手实践能力，要么经常要做 project（项目），自己做或者几个人一起做，通过这个培养了动手能力。美国的 IT 行业为什么遥遥领先，就是因为他们有系统的创造性思维，从小鼓励孩子创新，等他们工作后，投资方也鼓励，因为整个社会营造了这种环境，所以他们能够一直保持创新的活力。

当时我的导师都是功成名就的人，在业界都是很有名气和社会地位的，但他们依然很踏实地工作，而且很低调。有的导师岁数很大了，但依然和我们一起做实验，做文字报告。他们言传身教，一代带一代，整个体系都是如此，这对我影响很大。我现在 30% 的精力和时间用在教学，50% 用在科研，20% 用在处理系里的日常事务。我带 7 个博士生，4 个硕士生，我喜欢和他们一起待在实验室里做实验，甚至和他们待的时间比和女朋友待的时间还长，不过，言传

身教的教学效果确实比较好。(笑)

(二)美国大学学术抄袭很少

◇ "美国社会的特点是,设计制度时假设大部分都是好人,充分信任人,但是,如果你偷奸耍滑,违反制度或者钻制度的空子,一旦被发现就要受到严厉的惩罚。"

博士毕业后,我思想斗争到底去工业界还是搞科研。工业界简单些,下班后可以不管工作上的事,科研可以做自己感兴趣的事,但时间上是无底洞。细想之下,觉得自己还是比较适应校园的环境,所以最后去找在学校工作的机会。毕业第一年我没做什么,第二年纽约大学招聘做网络的老师,我认识的一些朋友对此比较了解,觉得挺适合我,所以我就投了简历。2004年12月我去纽约面试,感觉挺合适。你知道找工作就和找对象一样,要自己觉得舒服才行。(笑)面试完一两天后,他们就给我offer(录用通知)了,我一个人扛着行李就到纽约大学工程学院上班了。

我现在是做计算机网络,比如如何通过网络传视频、用Wechat(微信)打电话、利用社交网络向朋友推荐音乐、电影等,主要是处理一些大数据。

我刚进去是助理教授,要成为副教授必须经过六年,这要看科研成果、教学质量以及对系里service(事务)贡献的大小。评副教授有一套严格的程序和体系。首先系里要找业界同行评,让他们根据对你的了解写评语，系里老师要投票。系里的评审通过以后，要报到学校评审，学校有专门的评审委员会，有外系的老师参加，他们还找校外专家写推荐信。请注意，这里面是没有人情成分的，他们一般都会实事求是。评审的标准很高，虽然每个学校每个系都不一样，但一般都能遵循客观公正的原则。如果副教授评上了，那么你就是终身教授了，学校不能随便解雇你。如果评不上，就得走人，另寻生路。所以头五年压力不小，因为要想办法做好了才能留下来。

副教授评上后，过几年就可以评正教授。但是，即使都是正教授，彼此之间的待遇也有差别，而且有时候副教授的收入比正教授还高。这里不像国内，职级、职称和收入都是成正比的，他们比较灵活，比较人性化。我现在已经是副教授四年了，过一两年再申请评正教授吧，反正也不着急。（笑）

在美国大学，行政人员是为教授服务的，这个定位很明确。系里有专门的行政人员处理预算、报账等行政事务，他们不会为难你。因为教授是终身制的，他们对很多事务有发言权，行政人员也知道这一点。至于系主任，很多教授是不想做的，因为要处理很多杂事，而且和国内不一样的是，这里的系主任手头可控制的资源不多，更多时候要为教授服务，所以不是每个人都喜欢当系主任。而且系主任也不是永久性的，是由系里的教授轮流来当。

就我个人来说，人的时间有限，如果你把很多时间花在行政事务上了，肯定就没有太多时间搞科研了，所以我宁愿选择后者。

在这里，每个教授都有自己的一摊事，大家独当一面，彼此关系平等，没有说谁要看谁的脸色行事。我刚来时，身边的教授资历都比我深多了，但他们对人很平等，不会高高在上，而是给年轻老师很多锻炼的机会。就冲这点，我挺喜欢美国大学的校园环境。

我对美国的总体感觉是，它比较平等，大家做事按规矩来，不会乱来，只要付出努力，基本都有相应的回报。你看我一个外国人来这里，通过自己的奋斗，也得到了相应的回报。他们并没有因为你是外国人就歧视你，不给你发展的机会。

当然，我不否认有人的地方就有政治，美国也不可避免有为利益争斗的事情，但总体来说相对公平、透明。我们系里有20多个老师，来自中国大陆和台湾的六七个，印度的七八个，亚洲人占了一半多。我们这些从国外来的老师，在美国没有任何根基，全是凭自己的努力，最后能在大学任教，可见美国还是比较公平的。

能在大学里做个教授，算是不错的工作，社会对你比较尊敬和认可，这从和我的一些学生和家长的接触过程中可以感受到的。有的学生一学期的课上完后，会特意来感谢我，说学到了很多东西。就我自己来说，也有一定社会成就感。我一直认为，老师就像放大器，比如我教一百个学生，相当于把自己的知识copy（拷贝）一百份，这对社会也是有贡献的。我在纽约大学的10年，教了二三十门课，每门课大概有50个学生，这样一算，也教了一两千个学生，他们来自世界各地，毕业后分散到世界各地，我教的知识多少对他们有点用吧。

这学期我有两门课，每周给本科生上两次课，研究生一次。我一般会用实际生活中的的网络应用，让他们去思考一些问题。只有贴近生活，他们才会感兴趣。让我高兴的是，学生和我关系还挺不错的，你看我客厅门口挂着的合影，就是我带的研究生和他们的家

属,那次他们到我家里吃四川火锅,大家聊得挺开心的。(笑)

我对学生比较宽松,比如给本科生上课,我从不点名。因为我觉得,他们不来可能是自己可以解决问题,不需要我。如果他们有需要,他们自己会来上课。因为纽约大学学费很高,一个学分要1300-1400美元,每年学费三四万美元。(笑)当然,老师也要尽职,因为学生付了昂贵的学费,觉得自己是消费者,你如果服务不好,他可是会投诉你的。(笑)

说实在的,我更喜欢给本科生上课,他们大部分都是美国本土的孩子,上课很活跃,有什么问题就直接打断我,甚至当堂反驳我,彼此之间互动特别好,这样对我有激发的作用。而研究生呢,就不那么活跃了,可能是文化的问题。他们一半是中国人,一半是印度人,你知道亚洲人性格普遍比较内敛,不爱张扬。有的可能知道答案,但不想回答,有的可能不太确定,怕答错了。从学生身上可以看到文化的多样性,蛮有意思!(笑)

我自己带的博士研究生招进来时都是经过精挑细选的,他们学习基础都不错,学习态度也好。他们进来后,我要付他们工资,所以必须招优秀的。我不但教课,还和他们一起想问题、做实验、写论文,遇到问题一起寻找解决之道,基本每天都能见面。有的老师对学生放得很开,基本不怎么管,如果学生特别好倒是可以,但如果学生不是那样的,就可能误人子弟。我不是那种风格,我喜欢和学生待在一起。就在上周六,我和学生刚投出一篇论文,内容是如何根据手机上网的内容分析用户信息。我工作到凌晨4点,学生工作到5点多,因为截止时间是6点。(笑)学生毕业后,有的去苹果公司,有的去脸书(Facebook)、亚马逊(Amazon)、微软

(Microsoft)、思科（Cisco）、高通（QualComm），还有 Start-up，工作都不错，基本都在加州，因为那边 IT 行业比较发达，最近也有回国创业或者去国内 IT 公司的，比如百度。

我个人认为，美国大学的学术环境不错。教授之间合作平等、灵活，如果要做一个课题，觉得哪个教授比较合适，可以一起合作，教授之间的壁垒没有那么森严。如果写论文，原创性很重要，特别是投高级期刊会议，如果没有原创性，或者水分很多，那么这个教授的声誉在业界会受到影响。声誉下降则意味着你很难在这个圈子待下去，这对当事人来说后果是很严重的。如果要引用别人的东西，要求非常严格，要比较方法、结果，不能拿起来就用，不注明出处。

至于学术抄袭，那后果就更严重了，一旦被发现，会惩罚你，学术生涯就基本毁了，学校也可能解雇你，即便你拿到了终身教授。美国社会的特点是，设计制度时假设大部分都是好人，充分信任人，但是，如果你偷奸耍滑，违反制度或者钻制度的空子，一旦被发现就要受到严厉的惩罚。所以，我在美国这么多年，基本没听说过周围有学术抄袭的事情。也许其他地方有，但应该不会太多。

（三）每个人都是主流

◇"我一直不知道美国的主流文化是什么，因为我觉得美国社会的包容性很强，对来自不同国家、不同族裔的人都很包容，所以每个人都能找到自己的位置，都能活出自己。"

在美国学习工作了18年，我的总体感觉是，美国是个制度比较完善的国家，没有大的漏洞，大家也都养成了按制度办事的习惯，很少有人想着去钻制度的空子。比如税收，法律有严格的规定，日常生活中的配套制度很完整、细致，单位把工资给你时，已经把税扣了，各种收入也有税表，你很难逃税。有的学生得了奖学金，对报税有误解，以为奖学金是可以免税的，所以就没有报税，后来被查到了，就补了税，可见美国对税收的监管是很严格的。

美国整个社会比较有序、公平，当然不可能是绝对的公平，比如大家族的后代占有更多的资源，得到的机会比一般老百姓多，但总体而言还是比较公平的。比如我，一个从国外来的学生，凭自己的努力也能得到相应的回报。整个社会成员之间也是相对平等的，大部分有钱人不会因为自己有钱就对人颐指气使，还是比较低调的，而没钱的人也不会觉得自己低人一等，一个个自信满满的。比如服务行业的人，他们也很自信，每天快乐工作、快乐生活，我觉得这种社会是比较健康的。（笑）

我一直不知道美国的主流文化是什么，因为我觉得美国社会的包容性很强，对来自不同国家、不同族裔的人都很包容，所以每个人都能找到自己的位置，都能活出自己。从这个意义上来说，每个人都是主流。（笑）

前年还是去年，美国发生了一起案件：一个台湾人开路虎把一个骑摩托的人轧伤了。骑摩托的人把他打伤了，最后被人制止。后来骑摩托车的人头盔上的摄像机还原了现场，原来骑摩托的威胁台湾人，当时车上有小孩，出于正当防卫，台湾人开车轧伤了骑摩托的人。对于这个案件，美国多数人认为车上的孩子受到惊吓，人身安全受到威胁，其父应该正当防卫，他可能防卫过当，但他的反应是正常的。最后骑摩托的人被判有罪。没有人因为当事人是台湾人而歧视他，都觉得应该按照法律办事。

美国法院的陪审团制度也很有意思，如果你是公民，就有义务去做陪审员。法院会随机抽取名字，如果你被抽上，就会收到法院寄来的文件，告诉你何时去何地。你必须要去，如果不去，则违反了法律规定，要被抓起来的。我也很荣幸地被抽到一次，赶到法院，等了一天，案子来了，但我没被选上，所以又回来了。(笑)

当然，美国的制度也不是完美的，比如律师制度，有钱人可以请很好的律师，他们经验丰富，口才又好，陪审团可能被说服，就倾向他们。有的律师会抓住法律的漏洞，去做不好的事情，我印象最深的就是辛普森案件了。另外，拿税收制度来说吧，有的富人设慈善基金的目的可能是，从中支出可以不用交税，有时比一般人交得还低。

但是，总体而言，我觉得在美国生活还是比较有安全感的，因为制度比较完善，大家按规矩办事，当然，按规矩办事的前提是必须知道规矩。

美国人追求的东西没有统一标准，大家很不一样，但最重要的都是 enjoy life (享受生活)。和我打球的一个老头，60多岁，没有家庭，没有固定工作，每天教孩子打网球，赚取一点零花钱。他收入很不稳定，过一段就没钱，但每天都乐呵呵的，很开心。这也许和他们有基本生活保障有关系。美国的制度比较完善，有人从中受惠，也有人钻空子，这也许是硬币的两面吧。(笑)

当然，美国也有它的问题，那就是人与人之间交流比较少，好

刘勇和他的妻子

处是没那么多牵扯，坏处是觉得比较冷漠。比如我在学校和同事相处很好，但下了班就很少交流，这可能是因为美国人生活空间大，下班后大家各自有不同的活动，比如爬山、划船、打球等，而且他们很多是单门独院的，彼此联系自然就少。它不像我们亚洲国家，人与人关系相对亲密，但是亲密容易导致关系复杂，彼此界限不明。就像中国，很多个家庭住在一个大院子里，关系亲密但也很复杂，你必须学会在复杂的关系中如何保持平衡，维护自己及家庭的利益，这是一件不容易的事情。

在中国，我们从小都在人多的环境中长大，而资源有限，所以大家就不顾礼节，拼命争抢。比如乘地铁，国内资源太紧缺了，所以大家才拼命挤。很多人老说中国人素质不好，出国后有种种恶习，其实我不同意这种说法，我相信那句话：仓廪实而知礼节。如果物质足够丰富了，大家也会表现得更好一些。

其实，亚洲人骨子里是谦虚、不张狂的，欧美制度完善，资源丰富，所以他们的人民表现得很有素质和教养，但如果他们物质紧缺，是否还能保持这样的状态也不好说，因为人性都差不多的。(笑)我相信中国会慢慢好起来的，因为现在大家出去的机会也多了，也看到自己的差距了。

我的朋友圈是这样的，学校里有中国、印度和美国朋友，打网球时有美、韩、土耳其、埃及和南美等国家的朋友，但是可以一起开 party、关系比较亲近的还是中国朋友。没办法，出国太晚了，思维已经固化了，但即使高中出来也不早，你想完全融入也是不太可能的。但是，我个人认为，既然喜欢吃中国菜，就没必要特意做美国菜，自己喜欢就好了。因为美国的包容性很强，每个人都可以保留自己文化上的东西,都有自己的空间。有的国内同学很同情我:在自己国家生活多好啊,你干嘛要去美国做二等公民。可是我从来没有这种感觉啊。(笑)美国是移民国家,如果追溯前几代,大家都是从外国来的,所以没有什么一等二等的。

我出国的这十几年,国内确实发展很快。城市建设、交通设施都发生了翻天覆地的变化,大家衣食住行的质量都有很大程度的提高,娱乐的种类和内容也很丰富。我个人感受最深的是,回家变容易了。我上大学是在合肥,要回四川必须要坐火车到郑州,然后在郑州转车到湖北宜昌,再坐船到万县,辗转三天才能到家。现在从美国回去,直接飞到北京,然后再飞到重庆,一天就可以到家了。这个变化太惊人了,可谓是中国飞速发展的一个缩影。就科技来说,我们和北京大学、中山大学、大连理工大学、华中科技大学、华南理工大学都有合作,和华为也有合作,最近和腾讯公司合作,想办法进一步提高微信视频通话的效果。给我的感觉是,国内的科技水平和美国的差距在慢慢缩小,相信会越来越好!

这十几年,也是个人财富快速积聚的最好时期。我一些留在国内的同学在这期间也挣了不少钱,发展得很不错,但没有安全感,老怕政策发生变化,自己积累的财富会消失。对于我来说,出国的这些年,我可能失去了挣钱的机会,但从不后悔。因为我这个人对钱不是那么 hungry(饥渴),如果要牺牲很多道德标准去挣钱,我不会那么做的。我喜欢简单、健康的生活,这也是我出国的初衷。在美国,人与人关系不那么紧张,各自有自己的空间,有自己的活法。生活方式也比较健康,美国人注重运动、健身,业余时间往往去健身房,去球场,他们也喝酒,去酒吧是一种社交方式,但他们不会拼命劝你喝酒，以自然舒服为原则。不像国内，大家聚会就是吃饭喝酒，应酬太多，觉得挺累的。不过这几年回去发现国内也在变化，跑步、户外运动也很流行，大家的生活方式也慢慢变得健康了。这是好事！

因为24岁出国，所以我两个国家的风景都看过了，视野比原来开阔了，随着自己跟国际上的人打交道越来越多，我越来越不认同很多人的看法：中国人素质比美国人低。我觉得两个国家处在不同的发展阶段，没有什么可比性。中国目前处在高速发展的转型期，它出现的很多问题是"阵痛"，相信"阵痛"过后，会迎来新的发展。而美国是经过两三百年时间才发展成今天这样的，期间也同样遇到过很多问题。

当然，美国在很多方面值得中国借鉴，比如吸收人才做得好，吸纳全世界的优秀人才到美国来，一起创造这个国家，而且它很尊重个体的存在，所以大家都觉得在这里待得比较舒服。现在很多中国人移民到美国，他们是否能适应美国，得看个人生活习惯、语言能力等具体问题。首先语言能力很重要，英语不好就很难在这里立足。现在年轻一代英语越来越好，而且国内信息渠道很多，他们没出国前就对美国很了解，所以适应起来越来越容易。我是做科研的，科研本身就是共同语言，所以一直没感觉自己被孤立，从来不觉得自己是少数族裔。虽然我上课时讲英语还有外国口音，但我不觉得有什么，学生也无所谓，因为周围基本都是有口音的人，习惯了。(笑)

出国十几年，我基本每年都回去一次，父母每年过来一次。即便不在一起，也可以视频聊天，很方便的。有时也会想家，但不至于想得很难受。将来如果有机会，我也许会考虑回去。虽然美国学术环境不错，但现在国内也出台了很多挺好的政策，吸引海外学子回去。我周围，有博士回国，也有老师回国，有的因为家庭环境要回去，有的是觉得国内给的条件比较吸引人。

我不排除将来如果有机会，也可能回去发展，但现阶段，我还是比较喜欢美国这个大环境的。就我所生活的纽约来说，它的地铁脏乱差，生活成本较高，但是它很丰富，活动很多，每个人都能找到自己喜欢的。我喜欢打网球、去博物馆、逛公园、看电影，这些在纽约都能找到很好的去处。现在天气转暖了，我一般一周打三四次网球，水平呢，在业余选手中应该算不错的。可能是遗传了我爸的运动基因吧，他喜欢打篮球，我哥也喜欢。（笑）

访谈手记：

初见刘勇是在朋友家里。那天朋友请我们几家吃火锅。刘勇从纽约赶过来，绿毛衣、牛仔裤、言语温和，笑容晴朗，一看就是特别靠谱的男人。他的身边，偎倚着一个眉目清秀的姑娘。不消说，是他的女朋友了。

吃饭时，刘勇对姑娘照顾有加，从锅里捞起东西，先问她吃不吃，如果姑娘点头，他就往她碗里放，摇头，就放到自己盘里。我心想：这姑娘有福了，遇到这么细心的男生！

刘勇和哥哥刘亮，一直都是家乡人传颂的传奇：哥俩上的都是名牌大学，一个是西安交通大学，一个是中国科技大学。出国后，一个上的是麻省理工学院，一个上的是麻省大学。借用一句东北话，无论哪个学校，拿出来都是杠杠的。

刘勇开玩笑："我从5岁开始，就一直在学校，一直到现在都没离开过。"当时他和哥哥同年级，妈妈教语文和数学。上课的时候，如果是妈妈讲课，他就在讲台边坐着旁听。如果其他老师来上课，他就到后面和哥哥挤在一起。因为年龄太小，他经常在上课时睡着，妈妈就把他抱到不远的家中，回来接着上课。每天早上，他因为害怕听写汉字，就躲起来。妈妈发现了，就派学生到处找他，带回教室后，他只好乖乖地写。"镇上的学校管得不是那么严格，那段日子太自由了，我现在依然很怀念。"刘勇笑着说。

上三年级时，家里从镇上搬到了县城，刘勇快乐的乡村生活也划了个句号。

当年挤在一张桌子上的哥俩，长大后相继到了美国。他们有自己不同的事业，在各自的领域都发展得很好，这让父母每每提及他们时，不无骄傲。

虽然在美国文化中浸淫了十几年，但刘勇依然保持着中国人的"温良恭俭让"，低调、温和、真挚，跟他相处感觉很舒服。

采访那天，夏日的纽约突然刮起了大风，气温急遽下降，我穿着裙子在风中瑟瑟发抖。他从公寓下来了，见我衣衫单薄，问我冷不冷，然后很自然地拿起我手里的三脚架，说："太沉了吧，我帮你拿。"我们走过几个街区，到了一家星巴克。进去一看，灯光昏暗，有点嘈杂。他抱歉地说不知道我要摄像，所以就到这里来了。最后他建议去他公寓采访，于是我们又折回了。

这是一座老公寓，估计有六七十年历史了，但很整洁。进到他家里，看到门口堆放着两个巨大的箱子。刘勇说他爸爸刚从国内来，正在睡觉倒时差。旁边的一辆自行车，是他打网球时骑的。

听说要摄像，他赶紧去换了件格子衬衫过来，而且还打开灯，拉上百叶窗，力求最好的拍摄效果。可以看出，他是一个追求完美的人。后来刘勇告诉我，他从小受妈妈的影响，什么事情要么不做，要么做到最好。我想，这也是他为什么能走到今天很重要的因素吧。

采访过程中，摄像机的空间很快满了，我正在束手无策、暗骂自己掉链子之时，刘勇替我想了个办法：用电脑录，然后再传给我。这可救了我的急！采访结束后，因为文件太大，没法传，他想了N种办法，最后决定把它剪成三部分，分别存入U盘中。恼的是，我那天U盘也没带，于是他腾空了一个U盘，拷完后给我。整个过程，倒腾了半小时。真是一个又细心又耐心的小伙子！

一会儿，刘勇的父亲醒了。78岁的他，看起来非常健朗。他在厨房做饭，切着重庆带来的腊肠和腊肉，香味扑鼻。他说自己年轻时喜欢打篮球，老了以后喜欢打门球。"可惜到美国后没地方打了。"

父亲是来办绿卡体检的，待几天后就要回重庆筹办刘勇的婚礼了。这个帅帅的纽约大学教授，今年夏天就要把那个美丽的姑娘娶到家里啦。他开玩笑："我对爱情很有耐心，一直等到现在。但父母没耐心了，一直催我。现在终于等到了，对父母也有个交代。"

这个从西南小城走出来的年轻人，他的爱情故事，一如当年的作家沈从文，"我行过许多地方的桥，看过许多次数的云，喝过许多种类的酒，却只爱过一个正当最好年龄的人。"

一切不早不晚，刚刚好。

狂风暴雨分娩出满天晚霞

Jenny Lu

履历：1964年出生于中国上海。1987年毕业于上海医学院，1988年赴美留学，先后就读于Maryland大学和Townson State大学，获得医学博士学位。毕业后先后在佐治亚州St. Mary's、纽约州Underwood Memorial等医院工作过，2009年起开办个人诊所。

采访时间：2015年5月27日

采访地点：纽约州Goshen，Jenny家中

（一）"笨鸟先飞"

◇ "人生的每段经历都不会浪费，你肯定能从中学到东西。"

1987年，在上海医学院（复旦大学医学院前身）读了六年书以后，我终于毕业了。当时我爷爷的姐姐在美国做麻醉师，她愿意资助我到美国上学。可是你知道，那个年代办出国很难的，办护照还需要得到所在学校或者单位的同意。所以我爷爷就带着我到学校找负责人，还算幸运，他们同意了。

走之前，我在上海市第二结核病医院工作了一个月。当时很多人怕传染，不愿意去那里工作，可能学校觉得我在国内待的时间也不长，所以就派我去了。（笑）

Jenny全家福

到美国后,我最初上的是马里兰大学,在巴尔的摩,读微生物学博士,因为这个项目时间很长,需要五六年,本地人一般都不愿意读,所以申请倒也挺顺利的。刚入学时,英文是个很大的问题。虽然我从小学四年级到大学毕业,英文都很好,但是一到这儿就傻眼了,因为上课基本听不懂,只好借同学的笔记看。我当时经常在实验室里做实验,挺辛苦的,又想家,所以感觉压力挺大的。还好,咬着牙挺了半年后,基本听懂了。

那时侯,我最害怕的是在同学面前讲课。每个人要连续讲一个小时,还要做PPT。美国孩子小学就开始做project(项目),训练如何在同学面前演讲,我们在国内,大学了都还没体验过呢。所以一开始真是很紧张,用七天七夜准备自己的PPT,因为害怕中间会卡壳,所以我把每张PPT都背下来了。

上台的那一天,因为事先做了充分的准备,所以我表现得还不错,讲得挺流畅的,下面听的人也觉得很自然。讲完后,同学掌声很热烈,老师也觉得不错。没办法,到一个完全陌生的环境,只能笨鸟先飞啦。(笑)

读了一段时间后,我和一个姓杨的女同学都觉得 graduate school(研究生院)要读五六年,时间很漫长,而且中间做实验、写论文,路很长,将来毕业后还不知道怎样,想起来都让人有点 depressed(抑郁)。而上护校只跟病人打交道,相对简单,而且就业形势也很好。我们两个人主意很大,就退了学,转到 Towsom State University 读护校。老师知道后很生气,但也没办法,因为我们已经做好决定了。(笑)

护士学校很有意思,而且实践性很强。中间我找到一个愿意为我出学费的医院,条件是毕业后到医院工作一年半。这下我学费有着落了,但生活费还要自己挣,于是我就到老人院做护工。

当时,我的一些同学很纳闷:在国内做医生,怎么着也是有点身份的人,怎么到美国后做起护士来了,整天伺候别人?但我并不这么想,我知道自己将来肯定要做医生的,现在需要从底层做起,积累经验。

在老人院工作还有一个好处是,那些老人大部分都是美国人,通过和他们接触,我一方面可以锻炼语言,一方面也可以对美国文化有所了解,从中也知道了中美医疗体系有何不同。那段当护工的经历,对我后来顺利获得三年住院医生资格很有帮助。回头想想,其实人生的每段经历都不会浪费的,你肯定能从中学到东西。

在美国,当医生是个漫长、艰难的过程。八年医学院毕业后,你要通过美国医学执照考试,这要分三步走:第一步是考基础医学，第二步是临床医学，第三步是综合考试，全部通过后，才能领到医生执照，申请做实习医生。还好当时没有口试，如果要口试，恐怕我也没那么容易通过。

在美国，不是你拿到执照就可以一劳永逸、高枕无忧的，当医生面临的是终身考试，每七年考一次。而且每年还要参加培训，拿到50个学分。这虽然辛苦了点，但也是很有必要的，因为你一直可以保持学习的能力，不断吸收新的知识，对你的执业很有帮助。

我当时是一边当护士，一边考执照。我从学校毕业后，拿到了护士执照，就去医院工作了。院方很高兴，他们知道我以前在中国是医生，现在是医生加护士，技术更全面了。他们把我分在了加护病房，这是医院最尖端的病房，住的都是重症患者，有的身上还插着导尿管和氧气管，随时都可能去世。病房的护士很有爱心，观察力也很强，这些经验为后来做医生积攒了经验。

（二）婚姻变数

◇"这个世界没有正确或者错误的决定，有的只是承受决定带来的后果。"

可能是上帝为了试练我吧，在这个过程中，我的个人生活发生了很多波折。

我在大学时有个男友，他是我们的班长，人很优秀。我过来一年后，帮他联系了学校，他拿到了全额奖学金，在佐亚治一所大学读博士。当时我在当护士，起薪有三万多美元，他有一万多元奖学金，我们俩的日子过得还可以。我们很快就结婚了，婚礼是在教堂里举行的，很多学生和家长都参加了，挺热闹的。那年我26岁，他27岁。我那时特别单纯，觉得结了婚两个人就能一辈子走到底，从来没想过中间可能会有变数。

那时他在研究院上班，做实验，写论文，压力挺大的。结婚两个月后，我发现自己怀孕了，我觉得自己可以接受这个事实，因为我是基督徒，认为孩子是上帝赐给我们的礼物，不能扼杀，而且我自己当护士，又有收入。但是他接受不了，觉得自己工作生活还不稳定，不能要孩子。虽然我不愿意，但还是尊重他的意见，约好去做手术。我预约了医生后，心里非常不平安，怎么也不忍心放弃这个孩子。于是，我取消了预约，决定把孩子留下来。后来证明，这是我听从圣灵引导后所做的最好的决定之一。

后来我才知道，他在我怀孕期间就已经出轨了，我生完孩子一周后才发现。他也承认，说自己会断掉和对方的关系。我相信了他，给了他改过的机会。他是我的初恋，我很爱他，而且经历了千辛万苦帮他办过来留学。自己放弃了读博士，去读护校也是为了两个人可以在美国安顿下来，所以我一直很想保留这段感情。

我是个性格特别单纯的人，因为父母三代都是知识分子，家庭环境简单，所以从小到大我没经历过什么太复杂的事情。我外公是新中国最早一批留学生，在芝加哥大学读书，回国后当了东吴大学化学系教务长，外婆从小在教会学校上学，有很多美国朋友，她英文很好，思想西化。她活到95岁，脑萎缩，光说英语，生病后还问我妈：你英语怎么那么差呀？

外婆是个虔诚的基督徒，她经常对我说，施比受更有福。她对我的人生影响特别大。我学医就是因了我外婆的缘故，她本来希望我妈妈去学医，可以救死扶伤，帮助别人，但我妈没去，上了复旦大学化学系。到了我，终于考上了医学院，满足了外婆的心愿。

1966年，"文革"开始了，我们家也受到很大冲击。外公还算幸运，1959年得食道癌去世了，没受"文革"的苦，外婆就吃了不少苦头。她那时要上学习班，我记得有一次，外面雨下得很大，我穿着小雨衣，到外婆学习班的食堂吃饭，她给了我一块肥肉，平时我是不吃肥肉的，但为了让她高兴，就强迫自己咽下去。外婆关了几个月才放出来。

当年外公娶外婆时，在东吴大学附近为她盖了一栋很大的别墅，非常漂亮，"文革"开始后，别墅被没收了。我印象特别深的是，有一天我们家院墙外来了很多戴头盔的人，七辆大卡车把我家几乎所有的东西都拉走了，钢琴、小提琴、首饰等都不放过。外婆始终很平静地看着他们，什么都没说。外婆一直是个心很大的人，对什么事情都想得很开。这和她是个基督徒有很大关系，她知道世间财物，没有什么是真正属于自己的，而且活在这个世界不能看当前，要看永恒。这些《圣经》里的话语，帮她度过了很多难关。

外婆的为人对我一生影响很大，也帮助我走出婚姻的困境。以前我很天真，觉得结婚就是一辈子的事，所以丈夫出轨的事情临到自己头上，怎么也想不通，找了很多爱情婚姻心理方面的书看，学习如何挽救婚姻。当时因为年轻，反应很激烈，两个人的关系也闹得很僵。那时我妈妈帮我带孩子，她看到我这种状况，也很痛苦，她待了七个多月后回国了。回到上海后，因为对我的婚姻担忧过多，她精神崩溃了,一周后从四楼跳下。幸运的是,二楼刚好有顶棚挡住,所以只是脑出血,生命并无大碍。在妹妹的精心照顾下,她在医院住了一段时间就出来了。还好她没大事,否则我会内疚一辈子的。(眼睛湿润)

先生的事情对我伤害很大,那时我精神很抑郁,平时恍恍惚惚的,以致上班时同事在电梯里见了我,就问:"Why do you look so sad?"(为什么你看上去这么难过?)虽然当时心里在流血,但我还是帮助他办好了绿卡,然后找了律师办离婚手续。

一个朋友看我状态不好,建议我去医院精神科治疗。我在一家治疗抑郁症的医院待了一个月。但是期间没怎么吃药,基本是靠自己的信仰度过来的。

我住院期间,先生负责从托管中心接孩子。一天,不知什么原因,他竟然没去接孩子。因为孩子才8个月,托管中心急了,找了政府相关部门。他们对此进行干预,暂时剥夺了我们的监护权。美国有很多领养孩子的家庭,政府培训他们,给他们钱,让他们照顾孩子。一对美国夫妇很喜欢孩子,之前已经领养了两个了,他们成为我孩子的临时监护人。

从此,我和孩子开始了长达6年的分离。我从医院出来后,按照法律规定必须要证明自己是称职的母亲,有能力抚养孩子。可是我当时生活一团糟,自己都捋不清楚,实在不知道应该怎么办。在极度痛苦中,我不住地向神祷告。我问:神啊,你在哪里,你看到我承受的痛苦了吗?你能否把我救拔出来?人在痛苦无望的时候,特别无助。

当时,我的一个叔叔在纽约,他见我在佐亚治州举目无亲,又遭受这么大变故，就把我从医院接出来，带我到佛罗里达玩了一段时间。回来后，我把家具和汽车都卖掉，带上简单的行李，住到了叔叔家里。幸运的是，在离家只有五分钟的地方，我找到了一家儿童精神中心当护士。于是，我晚上上班，白天准备考医生执照。

忙碌之余，一想起孩子的事我就揪心不已。每天晚上一醒来，似乎就能听到他的哭声，一摸，身边没有孩子，心里一惊。平时，只要有空，我就一趟趟往佐亚治州跑，想方设法证明自己是个称职的母亲，有能力抚养孩子。当时在我脑海里老浮现出一句话：这个世界没有正确或者错误的决定，有的只是承受决定带来的后果。当时有人劝我：你就做个决定，干脆把孩子送给人家得了，这样没有负担，可以嫁个好人家。但我不忍心，就算是沉重的十字架，我也要背上，因为那是我该负的责任！

那时我晚上上班，还算轻松，到医院时孩子们大多睡着了，个别会吵闹的我就想办法让他镇静下来。每天回到家里，我都睡眼惺忪，一沾枕头就睡了。

就在备考过程中，我认识了现在的先生。大概是1992年吧，我在朋友家遇到了他。他对我一见钟情，回去后就打电话给我，要和我约会。(笑)我很坦诚地告诉他自己的过去，说自己刚经历了伤害，心理还没准备好。但是他很坚持，说可以陪我一起去面对生活中的难处。

他的坚持打动了我。于是，我接受了他。他陪着我一遍遍地去看孩子，让我重新树立了对生活的信心。而我，经常带他去教会，让他接受了上帝的爱，成为一个虔诚的基督徒。

神对任何人真的都有他的计划。孩子不在身边的几年，我忍受着与他分离的痛苦，但同时也有了更多时间专注考试，结果考试顺利通过，拿到了医生执照。1994年，我和先生结婚了，不久通过了考试，接下来要申请当住院医生。当时工作面试很多，他陪我去新泽西、宾州很多医院面试。有时赶上大雪，路途艰难，他没有半句怨言。说真的，我觉得自己特别幸运，遇到了这样一个好男人。期间，也有人给我介绍哈佛毕业的，做生意的，但我还是选择了他。虽然那时他还在读博士，是个穷学生，而我年薪已经是5万美元了，但我觉得和他在一起心里很踏实。我不是那种坐享其成的人，我愿意和自己喜欢的人一起创业，一起享受生活。时间证明，我的选择是对的。（笑）

让我高兴的是，孩子很快也回到我的身边了。因为我有固定的住所、固定的工作，政府认为我有能力抚养孩子了，所以同意我领回孩子。可是，那户人家因为太喜欢这个孩子了，所以极力阻挠，但最后还是同意我带走。孩子离开我时是八个月，回来时已经6岁了。看他长得那么好，我又高兴又难过。

考虑到应该让孩子有个自然的过渡，我带他去一个岛上旅游，大家想办法让他尽快熟悉环境和家人。还好，他回来后比较快就适应了。孩子小时候老说，自己的梦想就是在同一个小区买几套房子，让自己的养父养母也过来一起住。孩子大学毕业典礼，我还邀请他们过来参加，他们激动得都哭了。很多人遇到这种情况，会尽量避免孩子和养父养母接触，但我不这样。对我来说，在我最困难、无暇顾及孩子的时候，他们给了孩子无私的爱，把他宠得像个王子，让孩子健康成长，我应该感谢他们才对！

（三）执业"三步曲"

◇ "一个女人只有达到事业和家庭平衡才是最幸福的。"

因为我工作的医院在 South Jersey，所以我们一家搬到那里住了三年。

在美国，当住院医生是个体力活，非常辛苦。我有时忙起来，连着36个小时不睡觉，那是什么感觉？困得随时都可能倒下去。第一天上班时，我还臭美，穿着高跟鞋颠颠地跑，累得半死！第二天，我赶紧换了一双跑鞋，跑了一天下来，因为出汗，里面臭死了，赶紧扔到垃圾篓。我记得那时从病房到值班休息室的走廊很长，经常是走到半途，BP机又响了，无奈，只好又折回。一天就这么来来回回，累得够呛！

有一次，正逢我生日，但那天要值班，于是就让我同学替我，可是时间到了却找不到人。没办法，只好自己去值班，接生完四个孩子赶到饭店，发现一堆人在等着我。医生的职业就是这样，一个萝卜一个坑，什么时候都走不开。（笑）

我所在的那个医院，当时一共只招了12个实习医生。我们要进行各种各样的实地训练，非常辛苦。干医生这一行真的需要强壮的身体和强大的内心，不然坚持不下来。（笑）

当时我在费城加护医院，病人都是生命垂危的，瞬间就可能去世。有时护士给病人静脉输液时找不到血管，就喊医生过来。你想想，她们都是专业训练过的，在这方面应该比我强，可是你是医

生，必须要去解决护士解决不了的问题，所以我也只好硬着头皮上了。这是最让我犯怵的事情了。(笑)

在医院的那几年，我真的体会到了美国医生的人道主义精神。记得有个黑人老太太，病情很严重，心跳已经没有了。但一圈实习医生一边给她打药，一边抢救。抢救了45分钟后，愣是把她抢救过来了。如果遇到没有人道主义精神的医生，可能早就放弃了。

在医院干了三年，我把全科轮了个遍，为自己后来当全科大夫打下了基础。美国医生分为两种，一种是全科医生，也就是通常意义上说的家庭医生，可以说，从头到脚，从身体到精神，都是全科医生治疗的范围；另一种是专科医生，分皮肤科、外科、内科等。40%的问题，全科大夫可以解决；60%的问题，要介绍给专科大夫解决。为了更好地为病人服务，我还考了个针灸执照，解决一些西医也解决不了的问题。

可以说，我在美国的执业经历了全科医院—专科医院—个人诊所三步曲。

经过三年的家庭医生住院培训后，我在纽约上州找到了一家联合诊所，当时有几十个医生（现在有几百个了）。第一年他们招了四个医生，因为在很多地方打出"家庭医生又回来了"的广告，所以病人很多，医生特别忙。第一天我就看了15个病人。还好美国对医生的训练实践性很强，所以没觉得过渡很难，一切都顺理成章。

在那家诊所干了三年后，要谈合伙人的事情。先生看了协议，说一边倒，合伙人基本没有发言权和自主权，不太公平，加上条条框框特别多，干起活来束手束脚的，不太舒服，而且上班时间很死板，从早上7点到晚上9点，我根本没有时间和孩子在一起。一天晚上,难得有时间陪孩子,医院一个电话打来,说有急诊,我只好又去上班了。看着孩子失望的眼神,我感觉特别对不起他。

这时,我就觉得,这种无法自主的工作不是我一辈子要干的事情,应该离开。那时我认识了很多医生,其中一个在开独立诊所,他说有很多病人,看不过来,让我过去帮忙。我同意了,找了原来的诊所谈。他们百般不乐意,按照合同规定,医生离开原来的诊所后,在15英里内不能去同类的诊所。先生和诊所谈条件,说可以放弃原来诊所允诺我的奖金,只要放我走。诊所同意了,就这样,我从大诊所转到了小诊所。

头两年,我干得很开心,时间很自由,自己的想法也可以得到实现。我当时有了针灸执照,学了一些中医知识,还招了一个针灸师,想着把中西医融会贯通,解决一些西医解决不了的疑难病症。三年后,又到了谈合伙人的时候了。让我不开心的是,他们当初和我谈好的条件很多都没兑现,这样真的很难继续合作下去。先生看我状态不对,就说,既然不开心,那就自己做吧。

可是,自己开诊所谈何容易,前期就要投入好几十万美元。好在先生当时商业地产经纪做得不错,有点经济实力,所以在他的大力支持下,2006年,我筹备开个人诊所。可是我所在的那个诊所又不同意了。当时我家附近有个小急诊室,医生轮流值班,我两个月才去一次,他们拿这个说事,说这个急诊室在15英里以内,所以我不能开诊所。先生请了律师,和诊所谈判,最后的结果是付给他们5万美元,换了个自由身。当时我觉得冤得很,但先生宽慰我,说这些钱以后很快就可以挣回来。

2007年,我的个人诊所开起来了。在美国当家庭医生的好处是，先是太太来，然后把先生和孩子都带来了，时间久了，大家就变成朋友。当时我手头已经有很多老病人了。因为我自己经历的坎坷比较多，所以看事情比较成熟透彻，他们有什么不开心的事情告诉我，我会帮助他们寻找解决的办法，所以病人都很信任我，把自己的家庭隐私、烦心事都告诉我。听说我有了自己的诊所，很多人愿意跟我走。现在，我手头有三千多个病人，其中一千多个是以前的老病人。让我开心的是，诊所第一年就盈利了。

每天上班，看到他们，就好像看到老朋友，感觉很亲切。慢慢地，我似乎变成他们生活的一部分。有空的时候，我就向他们传福音。

可能是美国科技比较发达的缘故，很多医生不喜欢动脑子，而是依赖设备，病人来了，先让他去查个遍。我正好相反，喜欢先动脑子，根据自己的知识和经验，从病人的立场考虑，帮他们找到问题的解决办法。美国看医生不像国内那样要排队等医生，而是要预约，也有一些老病人随机过来，我就安排他们分别到四个房间等，我轮流看，基本不间隔，好像在跑步机上锻炼一样，节奏很快。有时看完病人，吃午饭都两三点了。我当医生总的想法是，一定要让病人感到舒服和便利。

以前给别的医院或者诊所打工时，只要上好班就行了，其他的都不用管，但现在不同了，我们要给员工开工资，要买保险，添置设备，开销很大，所以责任感要很强。别人下班可以直接走了，我总是最后一个离开。不过和以前相比，现在自由多了，自己可以掌控时间，啥时关门，啥时放假，都是自己说了算。诊所一周开 4 天，每天 12 个小时，我要问诊，还要处理各种杂事和文件。周三我去老人院，那里有三四十个病人。有的医生一周开7天，钱肯定可以多赚一些，但会辛苦许多。我的小儿子才7岁，我希望有更多时间陪他成长，不想让工作占据全部时间。

  我一直认为，一个女人只有达到事业和家庭的平衡才是最幸福的。对于我来说，现在自己开诊所了，经济状况比原来好多了，事业上算是有了自己的一片天地。同时，家庭也很幸福，先生自己的商业地产事业发展得很好。大儿子康奈尔大学毕业后，今年申请到了纽约长岛的一家医学院，实现了未来当医生的梦想。前几天他还打电话跟我说，妈妈，以后我们家又多了一个陆医生了！小儿子从5岁起就开始学游泳，现在已经是游泳健将了，得了纽约州游泳比赛好几个奖。我的蝶泳、自由泳还是他教我的呢。（笑）

（四）在美国当医生

  ◇ "美国是个自由平等的国家，只要你体力好，经得起折腾；脑子好，站得比别人高，看得比别人远；内心强大，经得起挫折，你就可以在美国发展得很好。"

  在美国当了这么多年医生，对美国的医疗环境和医疗制度多少有点了解。

  美国医疗制度最大的特色是以预防为主，防微杜渐。家庭医生会建议不同的病人定期来做检查，比如糖尿病人每半年要看一次足医，看脚趾是否溃烂。每6个月要查一次眼睛，看是否产生血管瘤。

血糖高的人，每三个月要来查一次。50岁以上的病人，每年要做肠镜。如果没啥具体毛病的，每年做一次体检。有的糖尿病人，症状刚出现时就被我发现了，通过采取一些医疗措施，早期就被遏制住了，省了后面的很多麻烦。

我遇到的大部分病人素质都比较高，会尊重医生的意见，但也有病人不以为然，最后后果很严重。一个铺柏油路的病人，后腰长了一个小肿瘤，我一摸，很软很滑，大概是脂肪瘤，建议他去做断层扫描，如果是恶性肿瘤，应该赶紧切除。他当时没保险，可能考虑到经济问题，所以就没去。三个月后我刚度假回来，他又来了，让我吃惊的是，小肿瘤已经长成一个大球状了，我立刻帮他预约了CT扫描，把他送到肿瘤医生那里。最后查出是黑色素细胞，最厉害的癌。这可能和他从小铺柏油路、常年晒太阳有关系。三个月后他去世了。我参加了他的葬礼，他的家人说如果早点听我的话就好了，现在是白发人送黑发人，太可惜了！（惋叹）

另一个病人是警察，他经常头颈痛，我建议他去做个核磁共振。他去了，发现是多发性骨髓瘤，马上转肿瘤科，经过骨髓移植，病人没什么事了。他的家人因此很感激我，现在还经常来看我。不幸的是，这个警察9.11事件发生时在现场，因为吸了很多毒气，现在又得了白血病。

我看病原则一般是这样，尽量用脑子判断病情，但如果觉得有1%可能是癌症等重病，就立即给专科医院打电话，随后把病人的名字、联系方式传给他们，安排他们尽快去就诊。我宁可错判一百，也不能放过一个。因为人命关天，稍有疏忽就可能无法挽回！

听说国内医生比较喜欢开大方子，动辄几百元，但美国不是这样。我一直觉得，任何药都有负作用，多吃无益。如果不用吃药就能好，为什么要开药呢。病人感冒、喉咙痛什么的，如果是病毒引起的，我一般不开药，只是建议他们回去多喝水。有的吃3天药就能好的，我不会给开10天。我对药的价格很了解，有的药4块钱就能吃好，我就不开10块钱的。有的人没有保险，我就尽量开便宜的、没有保险也可以买的药。美国的药上市15年后就变成generic（普通药品），相对便宜，而新药是很贵的。我都是站在病人的立场给他们开药。我一直觉得，医生不但对病人有责任，对社会也有责任，如果都开贵的药，大量花纳税人的钱，那么整个国家的医疗系统就要被拖垮。所以必须保持一种平衡，让病人花合适的钱得到最好的治疗。

我也知道中国是"输液大国"，医生动辄就让病人输液，一般病人也觉得输液好得快一点，所以也能接受。但美国对输液是很谨慎的，只有在病人脱水和不能吃东西的情况下才输液，一般情况下都是开口服药。

在美国，医药是分开的，医生开方子，病人到药房买药，二者没有任何利益关系。如果病人要做检查，我开个核磁共振，那也是医院赚钱，与我无关。医药分开的好处在于，医生与药房因为没有利益关系，所以可以更客观。我做医生的准则是，病人利益优先，不把赚钱摆在第一位。一个好的医生，应该综合考虑病人的经济条件、个人精力等情况，给他最合适的治疗。如果你服务不好，病人会选择离开的。有句话很有意思，说现在美国的病人换医生就像换短裤一样，非常频繁。（笑）如果要让一个病人跟你到底，彼此之间就要建立一种信任关系。有的病人很害怕我退休，我说自己会一

直干到老,他们才放心。(笑)

这些年我的体会是,美国医生的道德标准比较高,美国医院讲人道主义。比如病人住院,有的病人住一两天就出来了,有的甚至当天动完手术后观察几小时后就出院,因为医生没有想过住院时间越长,医院盈利越多,而是觉得没必要浪费社会资源。如果有人在路上受伤被送进医院,医生救人要紧,不管对方是否有能力支付医疗费。如果治愈后对方确实没有保险,也没有钱支付,医院也就让他走,而从政府的补助中支付这笔钱。这就是美国有的医院不容易盈利的原因。

美国穷人看病是全部免费的,如果在贫困线以下,可以领到Medicard,俗称白卡,看病政府全包,花的是纳税人的钱。我也碰到很多持白卡的老人,虽然利润薄点,但我还是愿意收他们,尽量开便宜的药。

美国医院很注意保护病人的隐私权。每个病人进来时,都有隐私权文件,我们和病人交谈的任何内容都属于个人隐私,不能随便泄露。如果病历要转出去,则需要病人本人签字。如果是艾滋病人,更要保护他的隐私,任何涉及他的文件都要让他签字。

美国现在个人开诊所越来越难了,一般医生都参加大的联合诊所。因为自己开业,先要花出去几十万美元,光是医生保险一年就要两万元,房租也很贵,而且钱投进去了还不知道是否有回报,这对医学院刚毕业的年轻人来说是很困难的。

而且,开个人诊所的风险挺大,弄不好病人会上法庭告你,我就经历过好几次官司。一次,我发现一个病人肺有点问题,就建议他去看肺科,但是在病历上没写清楚,他最后没去看,得了肺癌,就上法院告我。最后保险公司赔了他一笔钱。

我还经历了另一桩更麻烦的官司：一个文化程度不高的病人，他的手感染了，血糖又高，我给他开了药。最后，他因为肌腱受损截肢了，于是找了律师，把所有给他看过病的医院和医生都一并告上了法庭。一开始，我挺犹豫的，如果我不上庭，保险公司可以赔钱。因为我每年交两万元医生保险，保险公司的保额在100万至300万之间。但这会助长那个病人的坏毛病，因为此前他经历过医疗事故，通过打官司获赔很多，所以他想再来一次。这是个原则问题。再且，如果我上庭，诊所要停业10天左右，损失上万元。可是权衡之下，我还是上庭了。那天陪审员有8个，要有6个赞同你，官司才会赢。对方请了专家证人作证。为了说服陪审员，我讲了自己的故事，当年怎样来美国的，后来如何当上医生。我发现陪审员被我打动了，有个陪审员说我很像一个中国女演员，叫我"Lucy Lu"。最后表决的时候，有的陪审员考虑非常谨慎，久久没有给出结果，我和律师都捏了一把汗。表决最后拖了三天，陪审员要求再听一次法庭录音。幸运的是，最后我胜诉了，一分钱没出，保险公司也不用掏钱了。当法官宣读判决结果时，对方很惊愕，嘴巴张得老大。后来我听说，对方请的律师是做车祸索赔的，对医疗方面的法律制度不太了解，他花了5万美元请专家证人，这下全打水漂了。(笑)

美国法律规定，官司如果败诉了，6至9个月内还可以重新申请立案，但后来对方律师不干了，这对他来说可能也是一个教训。美国有些律师不讲职业道德，唯利是图，结果反而得不偿失。美国的法律很健全，但还是有人钻空子，而且凌驾于法律之上的事情虽然不多，但还是有。

我23岁就来美国，如今已经28年了。我已经把这里当成自己的第二故乡了，可能做梦都是说英文。(笑）很多人来美国，一辈子在Chinatown（唐人街）里出不来，但我很早就做护士，融入美国人当中，如今也是在美国人的圈子里当医生，可以说像我这样的不太多。我觉得美国是个自由平等的国家，只要你体力好，经得起折腾；脑子好，站得比别人高，看得比别人远；内心强大，经得起挫折，你就可以在美国发展得很好。在这个过程中，最重要的是你要对自己有信心，如果有信心，不可能的事情也会变可能。有句话是，Faith is a currency, which is used in the market of impossibility（信心是不可能市场中的货币）。

说实话，我现在就可以退休，因为我现在的经济收入够我生活一辈子没问题。但是我在想，既然神赐给我天赋可以医治别人的病痛，我一定要用好，不能轻易放弃。所以我还会继续工作，为社会多做点事。开头那几年我蛮拼的，把自己逼得很紧，现在我放松很多了，在工作和生活之间找到了一种平衡。

这种平衡需要你对世间万事参透才可以做到。我经常去的那个教会，牧师会拿一根打了很多结的绳子，告诉我们，我们在地上的日子就如这上面的一个结，短暂、有限、而永恒，如这根绳子般长久。所以我们不要在地上积攒太多的财物，因为它最后要被虫蛀掉，而应该把目光投向永恒，那里才是我们最美的家乡。

访谈手记：

从 Jenny 家的阳台往上看，树林苍翠，往下看，草地如茵。于是，我们的谈话似乎被笼上了一层清新的绿，让人内心欢欣。

阳光下，举止优雅、妆容精致的 Jenny 娓娓道来她的美国故事，让我的心也跟着跌宕起伏，久久不能平静。和 Jenny 聊天是件愉快的事情，如沐春风。她那么坦荡、明亮，开心时哈哈大笑，难过时潸然泪下，一点也不掩饰自己。我喜欢这样的性情女子！

28 年前，那个青春正好的上海姑娘被命运带到了大洋彼岸，孤蓬万里征，从此开始了无法预测的人生。读书虽很辛苦，但聪明的她很快就适应了。可是，她曾经奉为至宝的初恋和婚姻，一夜间却褪色成不堪回首的惨淡背景。婚姻失败，继而是和儿子六年的生离。这对初为人母的她来说，是何其苦痛！当她叙述到这一段时，泪眼婆娑，而我，几不忍听。

"我在困苦中，你曾使我宽广。"那些伤心往事，在如今的她看来已是云淡风轻。"回头想想，我不怪他（前夫），他当时也年轻，不太成熟，而且工作压力很大，可能需要缓解。"岁月的流逝，加上作为一个基督徒的心灵操练，让 Jenny 学会了宽恕，宽恕让她焕发出了一种迷人的馨香之气。

"忍受试探的人是有福的，因为他经过试验之后，必得生命的冠冕。"事实证明真是如此。在 Jenny 生命最艰难的时候，她的 Mr. Right 出现了，他执着地爱她，帮助她解决生活中各种恼人的问题。她终于被打动了，尘封的心重新打开。紧接着，她通过了医生执照考试，有了自己喜欢的工作，阔别六年的孩子也回到了身边。被苦难灌注的岩石突然松动了，上面花朵绽放，缤纷绚烂。一切如此美好。

"人这一生，永远不知道明天会发生什么。所以，我们必须学会仰望神，因为他掌管着我们的一切。"Jenny是个虔诚的基督徒，从《圣经》里，她感悟了很多人生的智慧。

我们正在说话间，山下有辆车驶上来了。"我儿子回来了！"Jenny欢欣地跑过去。

车里钻出来一个英俊的小伙子，他很有礼貌地和我打招呼，然后从后备箱搬出行李。原来，他从康奈尔大学毕业了，考上了长岛一所大学的医学院，今天从学校拉回了行李。网球拍，散落在筐里的折纸……可见这是一个多么热爱生活的男孩！

眼前这个男孩，八个月时就与生母分离，直到6岁才回到她的身边。这段特殊的人生经历，在他身上没有留下任何阴影。在爱中成长的他，依然如此健康、明朗。看到他时，我有一种感动：上帝是多么恩待这个可爱的孩子呀。

Jenny告诉我，孩子特别懂事，不管是学习还是生活，全部自己搞定，平时对年幼的弟弟也呵护有加，对父母也很贴心。"今年母亲节，他还从康奈尔开了三个小时的车，回来给我送花呢。"

说到先生，Jenny特别感动。当年她在人生最低谷时，先生陪她度过。结婚后，他对大儿子视同己出，疼爱有加，经常送他去学这学那。因了先生这份深厚的爱，勇敢的Jenny在43岁时又选择当一回母亲。如今，小儿子已经7岁了，他长得虎头虎脑，聪明可爱，给这个家庭带来了无限欢乐。

我们聊得正欢时，几片乌云移过来了。刹那间，狂风四起，雨点飞溅。我们赶紧把东西挪到屋里，坐在餐桌前，又聊了起来。原本计划两个小时的采访，居然延长了四个小时。Jenny惊奇在我面前竟然如此愿意打开自己。

"昨天你联系我时，我还在犹豫是否接受你的采访。后来我向神祷告，仿佛听到一个声音说，说出你的故事吧，也许能帮助到别人呢，于是我就邀请你过来了。"Jenny 笑着说。

离开 Jenny 家里时，已是傍晚六点多了。雨后的天空，出现了斑斓的晚霞，煞是美丽。刚才的狂风暴雨，似乎是为了分娩这满天灿烂的晚霞。

我在心里说，亲爱的 Jenny 姐姐，凡事均有定时，哭有时，笑有时；哀恸有时，跳舞有时；寻找有时，失落有时。你经受住了苦难的试练和煎熬，现在到了享受甘甜的时候了。

祝福你!

Kent Zhou

一旦认定方向，上帝都会帮助你

履历：1978年出生于浙江省温州市，1998年移民美国，2002年毕业于纽约巴鲁克学院。2008年开办肯维培训公司，迄今为止培训了1000多人，为他们提供就业新机会，谋取更好的工作岗位。此外，他还担任纽约中美商会副会长、美国华侨进出口商会副会长、浙江总商会常务副会长等社会职务。

采访时间：2015年6月18日

采访地点：纽约市皇后区Flushing，肯维培训公司

（一）从热门的 IT 到艰难的商科路

◇"人生的很多变化往往是由小时候的梦想决定的。我出生在温州，这个地方从商氛围很浓厚，我从小接触的生意人很多，所以当个商人是我小时候的一个梦想。我绕了很多路，最后还是回到最初的梦想。想想人生挺有意思的！"

我依然清楚地记着自己来美国的日子——1998 年 12 月 6 日。之前我父亲已经过来两三年了，他在国内是做小生意的，到美国后一开始做装修，后来去餐馆工作。他立住脚后，就把我和母亲接过来了，我两个哥哥还留在国内。那时我已经在杭州电子工学院上到大二了，到美国后想继续读书，所以很快就着手申请大学。

旅行中的Kent

上学之前的那段日子很精彩。当时我已经20岁了，觉得自己已经长大，应该独立了，所以就去制衣厂打工。做了两三个月后，觉得以后要在美国长期生活，学好英文很重要，所以就四处打听哪里可以免费学英文。后来听说在曼哈顿14街一所高中可以免费学英文，就自己找过去了。

去之前，我想好对方可能问我哪些问题，如何作答，在心里背了好几遍。到了学校，接待我的是一个中国女士，她说我已经超龄了，不能接收。我一着急，突然就蹦出一句：I want to see principle. 那位女士不错，把我介绍给了校长。校长是个很和蔼的人，他向我解释了学校的政策规定，说无法接收我，但给我介绍了一个学校，说那里可以接收成人，而且是免费的。

我又找到了那所学校，他们接收了我，还给我办了一张白卡，可以免费乘地铁。可能我看起来比实际年龄大，所以进地铁刷卡

时被工作人员叫住了，他们觉得我不像学生，估计白卡不是我本人的，想给我开罚单。后来经我百般解释，罚单被取消了。(笑)

进了学校后，我们学习高中的内容，非常 boring（单调）。很好玩的是，当时有个老师教我数学，2008 年他退休想考美国海关报关师执照，当时我已经在培训报关师，居然成了他的老师，身份倒了过来。人生多有意思！（笑）

因为感觉学校的课程并不适合我，所以我又四处找其他的 program。有一次，看到附近的图书馆有免费课程，就动了心。巧的是，在此期间，我偶然认识了一个美国老师 Jerry，他 60 多岁了，人很好，推荐我去上纽约 Riverside Church 办的 ESL Program。那里主要接收来美不到一年的新移民，是纯英文教法，但要抽签。我一个人跑到那里报名，运气不错，抽到签了。那里用真实的场景教学，主要教发音。我最大的收获是把以前发不好的"th"、"r"等几个音发好了，这为后来进一步学英文口语奠定了比较好的基础。

那几个月特别有意思，同学来自世界各地，其中有个是海地的国会议员，他口音很重，但演讲非常 perfect（完美）。同学中很多是从前苏联国家过来的，其中有个白俄罗斯姑娘很漂亮，有几次，吃完中饭后，她让我陪她去公园散步。当时我初来乍到，没有完全打开自己，也不了解周围的环境，所以也不敢多想。现在想想，当时真是痛失了一个好机会。(笑)

当时有个老师叫 Lindsey，他经常开车带我们去曼哈顿看夜景，去杂志社参加活动。另一个老师带我们去博物馆、哥伦比亚大学校园。每天中午，都有哥大学生过来和我们对话帮我们提高口语。那段时间学习内容很丰富，特别有意思！

同学有来自日本、韩国、南美等地的，就我一个中国人，我从他们身上学到了不少东西。一个日本同学带我去曼哈顿一家电影院看《星球大战》，那是我平生第一次在美国看电影，让人难忘！他还带我去吃西餐，教我品红酒的"三步曲"：摇、闻、啜，挺有意思的！（笑）

待了几个月后，我被布鲁克林学院录取了。暑假期间，听英文学校里一个同学说哥大有非常好的 ESL Program，为期三个月。因为离开学时间还有几个月，我就想过去学学。学费还挺高，一期六周，1700 美元。我念了一期后，就离开了。因为曾经沾过哥大的边，所以现在我经常开玩笑，我也算是哥大校友了！（笑）

开学后，我到布鲁克林学院上学。自己一个人住在大学附近，每个月房租 300 美元，开始了我的大学生活。一开始，读了三个月的 ESL Program。选专业时，我报了计算机专业。当时大家都在学计算机，很火。第一学期，我英文还不好，上课很多听不懂。我的办法就是拼命背关键词的解释，理解那些概念。这个很管用，期末考试时我居然拿到一个 A+，三个 A，而且还拿到奖学金。ESL 老师很喜欢我，给我的评语具体忘了，反正还挺好的。

经过一年的英语培训，我的英文写作总算有了那么点意思，写出来的东西基本可以看了。

我大学课程的设置很有意思，音乐、艺术是必修的。当时老师给我们讲艺术史，比如希腊的建筑风格等，那里面可都是术语，中文看着都有点费劲，英文怎么看啊。于是考试的前几个晚上，我就拼命啃，结果考试时还拿了个 B+，太出乎自己的意料了！音乐课上，老师给我们讲解交响乐，我到现在只记得有个乐曲里面是蛙声一

片,其他都忘了。(笑)

记得当时班里有个同学是以色列律师,我奇怪他为什么好好的律师不做,跑来读计算机。他读的还是智能科学,很前沿的。他说当律师没意思,还是应该学点技能性强的专业。这个回答给我印象太深了。现在想想,当时我如果在大学待下去,一直读计算机,职业发展应该会更快些。

在布鲁克林学院读了一年半后,我对计算机不感兴趣了,就申请去巴鲁克学院读市场营销,从此开始了一条艰难的商科路。(笑)这所学校很不错,学费不高但是教学质量很好,有"穷人的哈佛"之称。

从被大家看好的计算机转到前途莫测的市场营销,变化是很大的。现在想想,人生的很多变化往往是由小时候的梦想决定的。我出生在温州,这个地方从商氛围很浓厚,我从小接触的生意人很多,所以当个商人是我小时候的一个梦想。我绕了很多路,最后还是回到最初的梦想。想想人生挺有意思的!

到了巴鲁克学院后,我学了历史、英语等课程,还是和原来一样,上课猛记笔记,拼命背关键词,这种办法屡试不爽,每次一般都能得高分。

最难的是英语课。印象深刻的是我上的一个summarize course,老师带我们去酒吧上课,讲课题材很广泛,有的内容简直是赤裸裸的,涉及男女生殖器官。她讲得很自然,还叫我们跟着念,把我和日本、韩国同学听傻眼了。你想想,当时我刚从国内过来,以前哪见过这样的老师呀!(笑)

当时我是一边打工一边读书。一开始,周末在跳蚤市场帮别人卖东西,一天70美元。早上有人来接我,到市场后开始干活,卖的是那种特别便宜的"99分"货。房租是父母出,但生活费基本是我自己挣的。我还在律师楼做过兼职,帮助华人餐馆。比如说卫生局来检查后开出罚单,我就带着客户去法院,向法官解释。当时我自己英文不够好,还要工作,可谓挣扎着上战场啊。(笑)后来,我又考了一个执照,卖人寿保险,因为时间紧张,没做多久就不做了。

后来,我在学校招工栏看到有个美国女士告银行,有很多法律文件需要处理,需要找人打字,还要划出她要的法律文摘部分。我就去了,一小时10美元。她教会我如何阅读法律文件,那些术语多难呀,我看得头晕脑胀。不过,打字速度就是那时练出来的。(笑)公寓里就住着她一个人,非常乱,于是她经常让我帮洗衣服、收拾东西,这都不是我的份内事,但当时没有社会经验,不懂如何拒绝。于是想出一个办法,她再让我做事情时,我就说她必须要付我从家里到她公寓的路费。此后,她就不再叫我干其他活了。(笑)

那几年,一下课,我就快速跑出教室,坐6号地铁出去打工。

(二) 30岁,开办培训公司

◇ "虽然目前没有挣到大钱,但将来能否挣大钱也不好说。当年马云创业时也没想到自己有一天会成中国首富。"

2001年暑假,我去一家药店做实习副经理。之前,这家药店去我学校招聘，我递了简历，主动打电话给经理。他同意我过去了。刚开始有培训项目，内容是如何接待客人、收银等，每小时16美元。我做了三个月，工资逐月增加。工作中也碰到一些难题，比如有一次，一个客人到店里，说话很凶。他问我们的广告写着18元，为何店里卖25元。当时只有我一个人在，就跑过去，说不能退钱，他说要向总部投诉。没办法，我只好按低价给他。在药店做了三个月后，我学习了他们的管理系统，这对我后来的工作还是挺有帮助的。

2002年，我开始正儿八经找工作了，很快应聘到纽约皇后区一家物流公司做销售。找这份工作的过程很有意思，当时他们没有职位需要，但我经常打电话过去跟进。他们可能被我的执着打动了，就创造了一个职位给我，做物流销售。当时我对自己英语口语还不是很自信，可是好玩的是，他们觉得我还不错，我想如果别人认为你可以，那你应该还可以吧。（笑）

我的第二份工作是在美国最大的物流公司之一做销售经理，整个办公室只有我一个是中国人。做了一年后，虽然公司认为我干得不错，但我个人觉得看不到未来，而且没有太大的发展空间，总有瓶颈突破不了。我现在想，当时之所以有这种感觉，可能是因为掌握的信息量太少，知识面不够广。

转折点终于来了。2005年，新泽西联合商会有活动。我拉了两个朋友，建议一起争取机会，给商会搞讲座，他们答应了。随后我们争取到了上台做讲座的机会。那天，我上台做了一个关于进出口报关物流的讲座，台下坐的都是博士学历的高层次人才，心里难免有些紧张，但是也挺兴奋。那次讲座，算是给我自己起了当老师的头,从此就走上了这条路。

后来,我就去Chinatown、Flushing等地讲课,还参加了各种校友会、商会等活动,活动多了,英文水平大大提高。记得当时在曼哈顿72街的亚洲社会中心每周五都有活动,我就争取每周都去,开始自信起来。当然,除了学英文,当时还是单身的我,也是带着别的目的去的。(大笑)

不久,当时一起去新泽西联合商会做讲座的朋友告诉我,曼哈顿有所学校招聘老师,他不能去教,问我是否愿意去。我跑过去一看,是家职业培训学校。当时美国海关报关师执照考试培训非常火,很多人来上课。当时社区内有位没有执照也没有经验的老师教报关,生意非常好,而我,有这方面的知识和经验,有老师,也有资源,优势应该是比较明显的,就寻思:为何自己不开办一个培训公司呢?

当时一起做讲座的另一个朋友,他先出来开了物流公司。2008年5月,我和他说了自己的想法,他很支持,说自己马上要回国了,希望他回来后能看到我把公司开起来。我便想,做教育不需要太多投资,我给别人的公司帮忙,赚很多钱,给自己打工应该可以赚更多的钱。

2008年,我在法拉盛35大道一个比较偏的地方看好了一处房子,已经付了500美元定金,走出来时碰到了一个朋友,他说生意做不下去了,想把办公室转租出去,听说我要办公司,问我租不租。因为他办公室的位置不错,所以我就选了那里。现在看来当时的选择是对的,办公室在法拉盛的中心地段,交通方便,周围很繁华。

开办职业培训公司,首先最重要的是找到合适的老师。我找到的第一个老师是原美国海关官员，他教报关，我自己教国际物流操作。后来，一个朋友 Jason 推荐了另外一位老师用中文教海关报关师课。几年后我给哥大的学生做讲座，我告诉他们，一旦你明白了自己真正想要做什么，然后努力去做，上帝都会帮助你，这就是我这么多年的创业心得。

2008 年 8 月 8 日，北京奥运会开幕的同一天，我的公司也开业了。虽然之前在《世界日报》做了广告，但第一次报名的只有五六个人，挺尴尬的。（笑）但我相信，只要开门，肯定就会有人上门。刚开始，公司就我一个人，忙前忙后的，后来请了一个助手。

2008 年底，金融风暴来了，当时不少人的工作都受到影响，比如开餐馆的想换行业，在职大学生想拿执照。我们的职业培训公司，在就业方面帮了他们不少忙。其中一个女孩 Amy，有 30 多岁了吧，英语基础不太好，参加培训后，被介绍到一家物流公司工作。另外一个学生拿到执照后，现在已经在报关行做到主管了。有个高中毕业生，以高分一次性通过报关师考试，刚好碰上有个在报关行工作的朋友要退休，报关行要招人，我们就推荐了他。他被聘用了，现在已经做到主管，我想年薪至少 7 到 8 万，算是挺高的了。有的人上培训班是为了认识朋友，最后他们也如愿了，在班上找到了女朋友。目前我们的学生已经成功好几对了。可以说，我们这里都快成婚姻介绍所了。（笑）

培训的人群，主要是新移民，也有不少已经移民一段时间，想提高技能、改行的。比如有的福建人做餐馆做累了，想换个行业，有的家庭主妇想学一技之长出去工作。对于新移民来说，他们有一定的英语基础，本身在国内也有自己的专业，到美国后，想经过专业培训提高技能，可以更好地立住脚。

培训一般是3至4个月，一周一次，一次三至四小时，时间是晚上或周末。目前，我们有美国海关报关师、货运代理操作培训、美国注册护士执照考试辅导、药剂师助理、国税局税务师、会计做账软件QuickBooks操作培训、纽约州公立学校教师助理等培训项目。接下来后，我们准备租新的教室，开办更多的热门工作执照考试培训班，帮助人们谋取更好的工作。

他们报名时，我们会测试他的英文水平，因为我们做的是专业教学，所以英语能力比较重要。接下来，我们帮他们做规划，再根据他们的学历、职业、兴趣、家庭背景、将来的想法等，给他们一些建议。7年来，我们培训了1000多人，培训人员的就业情况都不错。有个报关行，七八个员工都是我们这里培训的。这些年，有人问我做得怎么样，我就开玩笑：这么多年，我们公司联系电话还在，说明公司还活着嘛。（笑）

这几年，我碰到几个让人挺难忘的学生。有个学生是福建人，她一进来就哭了。因为她平时在餐馆工作，没有时间陪女儿，所以女儿读高中后很叛逆。后来我们建议她读公立学校教师助理，在学校找份工作可以早点下班陪女儿。还有一个学生，她想与美国律师老公争夺孩子的抚养权，因为担心自己没有工作，将来法院判决对她不利，所以就来这里读了教师助理。我还记得她说的时候眼睛都红了。

还有一个从上海过来的新移民，一直没有找到工作，她和丈夫有点灰心，都想回国了。来这里后，我推荐她考报关师，她很聪明、上进，学得不错。上到一半时，我就给她推荐了工作，结果她被报关行录用了。现在我想她年薪至少4.5万美元吧，两人也买了房子，算是在美国立住脚了。

还有一个近五十岁的学生，他有硕士学历，做实验室的化验工作，但突然被解雇了，后来到我们这里考报关师执照。他考到执照后，我们教他怎么找工作。结果，他在一个意大利人开的报关行里找到工作了，三个月后，老板把他的工资涨了一倍。他后来推荐实验室的同事来上报关课。

公司现在有十几个老师，都是实战型的，有多年工作经验和教学经验，也很愿意帮助人。我们的学生90%都是中国人，剩余的10%来自不同族裔，包括犹太人、俄罗斯人、印度人及南美人等。

我做这个公司的原则是：为社会创造大利，自己挣小利。我们都是根据学生的能力和基础来推荐课程的，对每个学生价格公开，如果家庭确实困难的，还允许分期付款。我们帮助学生就业，可以说是在为社会创造价值，同时自己也挣点钱。虽然目前没有挣到大钱，但将来能否挣大钱也不好说。当年马云自己创业时也没想到自己有一天会成中国首富。(大笑)

对于事业，我对未来的愿景是，在全美各大中城市有分支机构，把网络培训和实地培训结合起来，帮助他们短期内拿到执照，谋取更好的工作。

（三）如果你是萝卜，要尽量去了解白菜

◇ "美国是个相对自由和简单的国家，没有太多的人情世故，

不用和谁比,你活给自己看就可以了,不用太在意别人的评判。你凭着自己的努力,可以活得很自尊,做自己喜欢的事情。"

平时除了打理自己的公司,我也挺喜欢参加一些社会活动。我经常跟联邦小商业总署联系,给他们做讲座,也给浙江总商会做过讲座,还包括商会的常务副会长。2011年,我倡议法拉盛举办"大红灯笼高高挂"的活动,就是春节时请民选官员点灯笼,大家在商铺或家门口挂起灯笼。这一方面可以传播中国传统文化,另一方面也增加社区华人的凝聚力。

我喜欢组织活动,可能和我的性格有关系。我以前在国内上学时就喜欢组织活动,喜欢折腾,曾经还在浙江一个乡镇实习过副镇长。将来如果有可能,我不排除去参加政治竞选。因为华裔要在美国发展得更好,不能光是挣自己的钱,关起门来过自己的小日子,而应该走出去,为社区作出更多贡献。

算起来在美国也有17年了,美国给我印象最深的一点是,它是一个法治社会。美国的法律不是看你想得怎么样,而是你表现出来是否违法,以事实为根据,让证据说话。有些案件明摆着就是那个人干的,但是如果没有充分的证据,就没法定那个人的罪。最广为人知的就是当年辛普森杀妻案了。几年前,法拉盛发生过一起案件:一个南美人把一个从中国北方来的女子奸杀了,结果被判无罪,释放了,因为法院认为当时作案现场灯光昏暗,没有其他的目击者,而从摄像头看不清楚嫌疑人的面貌,没有充分的证据证明他杀人了。

美国社会的特点是，先把你当好人，充分信任你，但是你一旦违法了，就要付出很高的违法成本。比如你报关时，海关工作人员会问，报的是什么？税率多少？你说了算，他们相信你。如果查出来有问题，他们一年后会返回找你，让你发样品给他们。如果有问题，他们立刻纠正，让你补充材料，绝对不会让你蒙混过关的。

美国社会还有一个特点是，相对公平。比如你开车违章，对警察开的罚单不服，就可以上法庭和警察质证。如果警察不出庭，你的案件自然就被取消了。如果警察出现，法官也不会偏向他，表现得非常公正。

在美国生活的人一般都很规矩，因为法律系统太完善了，违法成本又很高，所以一般人不会轻易选择去规避法律的。比如你罚单的罚款不付，就会不断滚动累计，最后会达到一个天文数字。有一次，我把车停在路边后就去办事了，回来后发现车不见了，原来停的地方不对，被警察拖走了。最后，我乖乖地交了罚款，还付了100多元的拖车费。这是拖延不得、含糊不得的，否则更严重的惩罚在后头呢。（笑）

大家都说美国是个自由的国家，但自由是相对的。其实就我个人看来，美国社会管制的地方也挺多，比如一般情况下不能放烟花、停车不能占用残疾人车位、晚上九点后不能放音乐、家里的阳台不能晒腌肉和衣服等，否则会被投诉，警察或者相关部门会找你的。美国的自由不是无度的，而是有边界的，享受自由的前提是不要影响别人的利益。

美国是个多元化的社会，很多东西你可能不喜欢，但必须要接受。我有个男同学是同性恋，毕业后把自己变成了一个很漂亮的女人，皮肤很好。如果我在街上看到他，估计也会回头多看两眼的。（笑）今年4月，我在法拉盛街头又碰到他，临走的时候，他很开心地拍了拍我肩膀，我有点不自然地说了一句"See you next time"，虽然我不太习惯他变成这样，但也能接受。

我在中国的那些年因为是学生，没有接触过具体生活，所以中国的细微之处还没好好体验。但到美国后我已经20岁了，可以好好观察和体会美国了。我觉得美国是个相对自由和简单的国家，没有太多的人情世故，不用和谁比，你活给自己看就可以了，不用太在意别人的评判。你凭着自己的努力，可以活得很自尊，做自己喜欢的事情。你想成为什么样的人，就可以去实现，而且社会整体是比较平和的，没有什么戾气。比如你看到有人插队就可以直接指出来，而不用担心对方会使用暴力。你可以选择做个好人，可以一天天让自己变得更好、更优秀。因为美国有这样的环境，所有的制度都是保护和鼓励好人的，所以你尽可放心地去做个好人。

当然，美国也不是完美的，也有这样那样的问题。比如政府部门虽然整体不错，但个别公务员也存在效率低下、态度冷漠等问题。有些警察执法很粗暴，让人很不舒服，而且处理投诉不给力。有时他们也有"钓鱼执法"，比如便衣在前面扔钱，等后面的人去捡钱，警察就出现了。以前我在电视上就看过这样的新闻，但这也不奇怪，因为这个世界本来就没有完美的国家。

作为一个华裔，我一直不喜欢人们常说的"融入"这个词。白菜就是白菜，萝卜就是萝卜，它们怎么能互相融入对方？我们能做的就是：如果你是白菜，就要努力去了解萝卜；如果你是萝卜，就应该尽量去了解白菜，不要因为别人和自己不一样就去排斥对方。

美国是个移民国家，它比较包容文化的多元性，不同族裔可以保留自己的文化。

这么多年，我的体会是，华人应该多发声，积极参与社区活动，去影响政府的决策。华人社区做事时，应该有更大的包容性，要考虑居住在这里的其他族裔的利益，不要把自己孤立起来。我所在的法拉盛地区，原来有很多其他国家的餐馆，比如马来西亚餐馆、南美餐馆等，但这几年，因为很少人光顾，导致他们生意清淡，很多餐馆都关门了。我特别希望华人能经常去光顾这些餐馆，一个能包容其他种族的社区才能长期繁荣。

今年2月，华人警察Peter Liang在执行任务时子弹反弹误中黑人，陪审团通过并被黑人检察官起诉二级杀人罪。最近美国其他地方白人警察连续误杀黑人都没有被起诉，为什么单单华人警察被控重罪？我认为司法程序都没有问题，关键是华人自己不团结不发声，潜意识里陪审团或者黑人检察官觉得欺负一下华人也没有什么问题。可是如果我们不发声，不久的将来你我都可能是下一个Peter，所以华人真的要团结起来，不要做路人甲！

说句心里话，华人要真正融入美国社会，是不太可能的，因为我们文化的根在中国，这个你是永远改变不了的。曾经，刚来的留学生问我：我应该如何融入犹太人社区？我笑着告诉他：刚来的时候我也在想这个问题，可是至今仍然无解。现在我才知道，你一定要努力抓住自己喜欢的、擅长的东西，要让自己成为中心，让别人发现你、欣赏你。说白了，华裔的根还是在华人社区，所以我们要团结起来，互相帮助。目前华裔虽然还算比较团结，但是大部分人还是为了团体和个人的利益，还没有充分考虑到整个族裔大的利益,所以我们特别需要那种有凝聚力的华裔领袖。

华裔如何在美国保留和传播自己民族的传统文化,我觉得日本的做法值得我们借鉴。今年5月11是母亲节,纽约的日本人在中央公园举办"Japan Day"活动,现场有人体彩画、免费书法书写,还可以与Hello Kitty拍照,很多舞者在舞台上跳本族舞蹈,压轴节目是日本少女偶像组合"AKB48"。看着看着,我就在想,啥时候中国人在中央公园也搞一个"China Day",时间可以订在7月4日(端午节)的周末,搞个划龙舟,请黄西(著名华裔脱口秀主持人)来讲讲笑话,中国大妈来跳个广场舞,筷子兄弟来唱唱小苹果。(笑)

我是否考虑过参政?(笑)想过。将来如果条件成熟了,也许不排除参政的可能性。我们这个社区有个叫顾雅明的华裔,他原来是个药剂师,后来竞选上了市议员,为华人社区做了不少事情。我特别期待华裔中有越来越多这样的人出现,他们不但挣自己的钱、过自己的小日子,也能带领大家一起往前走,提高华人的社会影响力,同时对美国社会作出积极的贡献。

访谈手记:

老成持重,彬彬有礼,是37岁的Kent给我的第一印象。

初次见面,是在纽约皇后区Flushing 34大道的"弥勒斋"。这是一家佛教素食馆,菜肴清淡,禅乐袅袅。外面大街上的人潮涌动,市声鼎沸,更衬出这家餐馆遗世独立的清幽。Kent从外面走进来,皮肤黝黑,白衫洁净。因为之前在微信朋友圈里经常见,

所以见了面倒也不陌生。听说他是1978年出生的,我在心里惊叹一声:小伙子挺能干的——7年前,才30岁的他,就有了自己的公司。

吃饭时,Kent和我聊起了自己20岁初到美国的茫然、创业的不易及对美国社会的观察。其间,我不停地打断他,询问细节。每次,Kent总是很专注地听我讲完,稍加思索后,认真回答我的问题。他说话的时候,直视你的眼睛,专注、友好。这让见多了飘忽眼神的我对他平添了几分好感。

Kent给我印象最深的是,他是一个特别主动的人,特别善于把握机会,即便没有机会也会努力去创造。当年他到一个学校学英文,因为年龄太大遭拒,他主动提出见校长,结果校长把他推荐到了另一个可以接收成人学生的学校;大学毕业时,一家公司本来没有岗位,但他天天锲而不舍地打电话,最后人家专门为他设了一个岗位……他的身上,真是有着温州人的那股韧劲!

第二次见面,是在Kent的公司。公司坐落在法拉盛最繁华的Main Street附近,门口放着很多培训班的信息材料,墙上的小黑板,写满了一周日程安排。Kent说,2008年公司开办以来,培训了近一千个学员,改变了他们的生活。因为公司的突出贡献,2011年,获得了纽约市非营利机构商业辅助中心颁发的社区影响奖。而Kent本人,2011年至2013年也当选为美国华侨进出口商会副会长,2013年任美国纽约中美商会副会长。年纪轻轻的他,已经在华人圈里崭露头角了。

Kent的办公室不算太大,但墙上挂着的"海纳百川"让房间开阔许多。旁边的墙上,贴着"圣经里十种爱的方法":倾听不打断,说话不指控,给予不保留,祷告不停止,回答不争执,分享不假装,享受不抱怨,相信不动摇,原谅不惩罚,承诺不忘记。我问Kent是否是基督徒,他笑着说目前还不是,只是觉得这些话语对他很有帮助,所以才打印了贴在墙上。

初识Kent,觉得他有点矜持。和他慢慢熟了,发现他其实是个挺有趣的人。他曾在微信朋友圈里提到一个很好玩的创意——帮助凤姐上纽约时报:帮她规划职业并设计适合她的职业发展路径,然后提供适合她背景的短期中英文专业考证培训,帮助她成为白领。纽约时报的大标题将会是:If sister Feng can achieve her American Dream, so can you!(如果凤姐都可以实现她的美国梦,你也可以!)

今年4月5日,颇有"玩心"的他还组织了一场纽约国际象棋公开指导赛。30多个家庭近70多人参加,他们与中国国家少年队前主教练范惠连现场对弈,非常精彩。这项活动后来还上了中央电视台4套世界华人节目,在华人社区引起广泛关注。

本来约定两个小时的采访,结果聊了四个多小时。起身告辞时,窗外已是暮色四合。突然,李白的那句"乘风破浪会有时,直挂云帆济沧海"闪现在我脑海里。

我相信,若干年后,Kent一定会成为华人圈里一颗闪亮的新星。因为,他不但聪明,而且执着。

钟智齐

维修火车的『女汉子』

履历：1968年出生于广东省广州市，1990年毕业于华南理工大学机械系，之后在广东省一家汽车贸易公司、香港汇丰银行工作，1996年赴加拿大温莎大学留学，获得工业工程硕士学位，目前在美国北方铁路局从事火车维修工作。

采访时间：2015年2月26日、3月28日、5月29日、6月23日

采访地点：新泽西Wyckoff华人教会、纽约Bryant公园、中央火车站

（一）初到北美，工作连滚带爬

◇"生活在同一片天空下，人们面临的烦恼和压力是一样的，人性的善恶也是一样的，而且到异国他乡还有语言障碍、文化差异，生活更不容易。"

来北美之前，我在广东一家汽车贸易公司工作了两年。当时国内买汽车要拿到指标才可以，而且私家车很少，所以有人从中挣了不少钱。在别人看来，我这份工作收入挺高，很不错，但我自己并不喜欢那种氛围，而是喜欢靠自己的技术吃饭，觉得那样活着才踏实。可能每个人的价值观不一样吧，有人追求名利，有人追求内心的纯净，我属于后者。（笑）

我是一个内心不太坚定的人，虽然不喜欢社会上的很多做法，

钟智齐在庞巴迪工作（后排穿格子衬衫者）

但很容易随大流。俗话说，近朱者赤，近墨者黑，所以我就尽量"近朱"，避免试探。1996年，我决定出国，到加拿大温莎大学攻读工业工程硕士。

和所有留学生一样，一开始，语言关是最难的。

我有一个老师是印度的，口音比较重，加上我英文不好，只能听懂三分之一，所以每次上课都很紧张。我的导师是个中国教授，他对学生很严格，不太会鼓励人，经常说，"你怎么这都不懂"，说得我很没有自信心，书也读不进去，老觉得自己将来没有出路，挺沮丧的。（笑）

没出国之前，以为到了北美，生活应该会容易些，把它理想化了。来了才知道，生活在同一片天空下，人们面临的烦恼和压力是一样的，人性的善恶也是一样的，而且到异国他乡还有语言障碍、文化差异，生活更不容易。

那三年学得特别辛苦，也不敢回头看，觉得一旦回国，就说明自己失败了，所谓的"好马不吃回头草"，因为只有失败者才回去。现在回头看，其实也不是那么回事，如果回国也是有发展机会的，特别过去的二十年，正是中国经济起飞的阶段，中国发展得非常好。

1999年，我毕业了，开始四处找工作。在网上，我看到有公司招聘我这个专业的，赶紧发简历过去，三个月后，我几乎把这件事给忘了，公司的回复才来。当时是用电话答录机听的，听了好几遍才听懂这家公司是让我去面试。（笑）

面试地点离我所在的城市有七八个小时的路程。记得当时是二月份，冰天雪地的，我自己坐火车过去。面试没问什么，对方讲的多，我基本就是回答"yes"或者"no"。等我回去后，打电话问面试结果，人家问是谁面试我的，我说是"John"，对方迷糊了，因为"John"是个很普遍的名字，公司里就有好几个，到底是哪个"John"呢。后来我才知道，原来他叫John Hollingworth，是个英国移民。

招聘我的这家公司，总部在魁北克，以讲法语为主，好多人英语都不好。面试我的John就是我的顶头上司。进公司后，一开始我不敢张口讲英文，老怕讲错。我的"师傅"叫Dave，他让我做事情，我听不懂他说什么。他见我一脸茫然，连讲好几遍，我还是听不懂。还好做工程有图纸，有数据，这是世界通用的符号，大家都能懂，所以我就把图纸和数据拿回去，拼命研究，琢磨他到底让我做什么。做完以后，拿回去问他对不对。那时候，工作真的是连滚带爬，挺费劲的。（笑）

我有一个同事，觉得我英文不好，就欺负我。一次我请教他一件事，他故意说，我不知道你讲什么。后来我师傅知道了，把他修理了一顿。（笑）那时我英文虽然不好，但专业还是不错的。在我们部门，我师傅专业第一，我第二。师傅看我可以独当一面了，两年后就跳槽了。后来，另一个同事跟我说，你刚来时英文那么不好，我以为你干不下去了，没想到你居然干下来了，而且干得挺不错。听到这，我特别感激师傅，因为他对我的帮助真是挺大的。

那时最好玩的是，特别怕打电话。因为我英文不好，面对面交流还好点，毕竟有肢体动作，有表情，可以猜对方在讲什么，但是打电话就只能完全靠你的听力了。因为魁北克很多人是讲法语的，英文不好，所以听起来很费劲。一次，我打电话去总部，居然问：能找一个英文好点的人来听吗？事后自己都乐了——我自己当时英文就不好，居然还敢这么说！（笑）

慢慢的，英文好了许多，自己可以接打电话了，自信心也一点点回来了。当年那个笑我的人，被公司炒掉了，而我留了下来。我想，公司还是愿意留下能干活的人。

因为我做事情很认真，准确率很高，所以我师傅特别认可我，周末时，邀请我去他家里吃饭。我另外一个女同事对我也很热情，经常组织 craft night（手工之夜），大家一边做手工，一边聊天吃点心。一次她发现我是高级技术员，级别比她高，一开始有点不好接受，后来就接受了，和我关系处得不错。

我们公司是制造火车的，签一个合同就招一拨人，项目结束了就要炒掉一拨人。这个女同事后来也丢了这份工作，她去了北极一家石油公司，还给我寄了一张北极熊的照片，我结婚后，她还给我寄礼物呢。2003 年，庞巴迪公司的京士顿分部解散了，但它在美国有工厂，我的上司 John 就把我推荐到了美国。

（二）美国"国企"花钱很抠门

◇ "美国宁可忍受民主繁琐的程序，宁可牺牲效率也要保障个人权利。"

这样，我就来到了美国，先是在庞巴迪干了一阵，后来跳槽到了一家美国公司，地点在中央火车站。

我以前做的是车厢零件（如座椅、暖气、窗户等）的配置和火车组装，我负责写程序，然后让工人实施。如果工人遇到困难，我就要去现场帮他们。这个工作有点繁琐，要求很精细。语言关过了以后，还会遇到技术上让人头疼的事情，比如一个程序我设计得好好的，但工人可能就做坏了，我就要想办法弥补。火车装好了，客户会派人来验收，找出很多细节上的问题，我们就得想办法补救，直到客户满意为止。这个工作有点像医生动手术，如果病人的肠子有问题，可外面看还是好好的，我们就得动手术才能治好。我们造的火车，卖给世界各地，也包括中国。纽约市的一些地铁也是我们造的。

离开庞巴迪后，我的工作内容转到了维修。维修工作更头疼，火车哪里出问题了，我要去查看，然后画出图纸，带领工人一起做。关于火车的质量和安全问题，美国联邦有一套很完整的规章制度，非常精细，连火车的闸几英寸都规定得很清楚。制度看起来挺完善的，但还是会出事，因为执行的是人，是人都难免会出差错。平时，联邦铁路协会（Federal Railroad Association）会不定期派人来抽查。如果火车出事，他们就会一直待在那里，直到事情全部查清。

我们公司执行联邦的制度比较人性化，对员工的宽容度大。如果员工出错，一般还会再给他机会，不会立刻开除。我个人认为，不单是我们公司，这种对人性的宽容，是贯穿在整个美国文化中的。但中国可能会有所不同，我以前看过一篇报道，说国内 Iphone 工厂装配线上的工人如果出一次错，就要被炒掉，我不知道这是不是真的？

我们公司类似国内的国企，花的是纳税人的钱，是为公众服务的，所以花钱比较"抠门"。听说以前公司还会组织员工吃免费午餐、圣诞大餐，但是我来之后都没享受过，这些后来统统被砍了。此外，采购部的人不可以接受礼物、利用职权为自己牟利。过员工节时，老板带我们去吃匹萨，每个人花费 5 美元。欢送退休员工，也是我们每个人凑份子的。我们公司基本看不到公款吃喝，如果出差有必要花公款，那也是有标准的。这点我还挺佩服美国人，他们说到做到，一点都不含糊。

因为没有隐性收入，所以我们就是纯粹挣工资，很干的。平时过日子，工资基本被用完。不像国内，有的人工资基本不动。（笑）

前几天我参加一个培训，和我现在的"师傅"讨论中国高铁。他是耶鲁毕业生，一家几代都是。我说中国社会做事效率很高，想做什么就可以很快实现，高铁的生产制造就是一个明显的例子。不像美国，做事束手束脚的，工人出错了公司还不能对他们怎么样，因为有法律在保护他们。我师傅很严肃地说，美国在建国初期就讨论过这个问题，但是最后大家还是觉得民主制度比较可靠。因为遇到好政府还行，万一遇到坏政府呢，民众就成了受害者，所以建立完善的民主制度很重要。美国宁可忍受民主繁琐的程序，宁可牺牲效率也要保障个人权利。

就以我们公司为例吧，每年，我们公司就火车头的选择、延伸站点、票价调整等大小问题，举行听证会。有个专门的委员会负责这个事情，他们把听证事项挂在网上，广而告之，大家都可以发表看法。其中涨价是公众最关心的事情，公司会公布很多资料，向公众解释，比如如果不涨价火车可能无法正常运转或者减少班次，然后视民众的反馈作出回应和调整。这个过程比较繁琐，时间也会很长，但公司觉得这是应该的，我们花的是纳税人的钱，就应该听取他们的意见。

美国还有一个比较显著的特点是，比较宽容人性的弱点。他们知道人都有弱点，是很难控制的，所以尽量完善制度、更新设备，防患于未然，而不是去苛责人。曾经，有个火车司机因为打瞌睡，导致火车出轨，4人死亡。相关部门调查后，发现司机患瞌睡症，而且医院也出具了医学证明，所以最终没有开除他，而是制定和完善了制度，保障员工有充分的睡眠和休息时间。同时更新技术，保证火车超速时可以自动减速，避免出事。

完善制度或者更新设备成本很高，但美国人乐意这样做。以前，纽约有座桥，经常有人跳桥自杀，管理部门就在两边加高栅栏，防范他人自杀。其实，当时那座桥不久就要拆了，旁边要建新桥，我就想：有人真想自杀的话可以去别的桥呀，或者用别的方式。况且这桥要拆了，这么做成本多高呀，是不是有点不值？我这是中国人传统的思维，但美国人可不这么想，他们觉得但凡有一点可能伤及生命的可能性，就要防范，哪怕成本再高。

可能我还是中国传统思维吧，总觉得政府不能把人保护得太好，人还是需要适当压力的。你看过米兰·昆德拉的小说《生命不能承受之轻》吧，人如果没有压力就会活得轻飘飘的，反而不好，适当的压力会让人活得更踏实。就这点来说，我们老祖宗提倡的"中庸之道"倒是挺好的，它会让生活保持一种平衡。（笑）

（三）给美国打85分

◇我来美国这么多年，思维有一定改变，比如遇到事情，首先想到的是从制度上想办法，而不是找关系。

在北美前后待了19年，总体感觉是，这里大多数人都是靠自己奋斗，社会总体比较公平，制度比较稳定，不像余华的《活着》、陈丹燕的《上海的金枝玉叶》里面描述的那样，社会制度的变化对个人的命运起着决定性的作用，导致个人命运跌宕起伏。在中国生活过的人都知道，国家政策的变化对个人命运影响实在太大了，比如土地改革、高考恢复、国企改革等，很多人的命运一夜间都被改变。

但美国不一样，政策和制度的变化对个人的影响没有这么剧烈，一个新的政策出台之前，政府会有预警机制，民众可以查考法律。而且政府对少数族裔、穷人等不同群体有不同的措施，不会一刀切，大家的生活内核基本保持不变，所以社会发展比较稳定。

另外，美国给我的感觉是比较人性化，不管是社会还是公司。就拿我所在的公司来说吧，因为很多人是移民，家里没有人帮忙，有孩子的家庭，如果双方都要上班，一般是一个人送，一个人接。公司为了让我们能够兼顾家庭，上班时间比较灵活，比如我们有孩子的，可以7：20到公司，工作满8小时后，下午3点就可以离开了。

从中国到美国，我个人的体会是，发展中国家和发达国家的区别在于，后者太稳定了，变化慢得你一点感觉都没有，就像电影里的慢镜头。而发展中国家变化太剧烈了，像动作片，嚓嚓嚓，让你目不暇接。其实我是个喜欢变化的人，害怕周围的环境像死水一潭，但是，不管在哪里，等你的生活进入轨道后，就会像一颗永不生锈的螺丝钉在运转，生活估计都一样。（笑）

这几年我回国了几次，因为是短期旅游，所以感觉还挺好。但如果真回去生活，不知道是不是另一回事，要面对比较复杂的人际关系，要在普遍浮躁的环境里保持一颗安静的心，对谁都不容易，何况我这种易受环境影响的人。（笑）我觉得，那对我来说可能是第二次文化冲击了，也许会不习惯。

我现在隔一两年回国一次，回国只是探亲观光，哪里有好玩好吃的就奔向哪里。每次回去，都觉得国内变化很大，城市建设很漂亮，周围的同学朋友也过得不错。以前刚来美国时，每次回国都觉得中美差距很大，美国很舒服，所以每次待不长就想回来。后来慢慢地想回国了，因为中国发展很快，好玩好吃的实在太多了。再后来呢，觉得中国和美国越来越像了，没有太大差别，就找到了一种平衡。可能这和互联网的发展有很大关系，在中国发生的新闻，美国很快就能知道，美国发生的事情，中国很快也能知道，所以空间感就没有了。而且在国内吃饭，你会发现广州街头一个普通的地方吃碗面的价格，和纽约竟然差不多，味道也差不多。在纽约，你可以去纽约法拉盛吃很地道的中国面条，也可以买调味品自己回来做，味道和国内没太大区别，所以没必要坐飞机专门回国吃碗面。（笑）

回国之所以觉得好玩，可能是因为我不用考虑一日三餐的问题，从日常生活中暂时解脱出来。而在美国，每天都要想这些问题，日子就是这样一天天过来的。不过好玩的是，国内有些朋友还羡慕美国的生活，觉得挺好。这可能真应了老外说的那句话：The grasses on the other side is always greener（邻居家的草总是比我们的绿），几乎每个人都会羡慕别人，而对自己拥有的东西没感觉。（笑）

现在到哪里去都没有新鲜感。因为一下飞机，每个城市的机场都是一样的，设施也差不多。记得小时候，我爸爸去四川出差，总会给我们带回牛肉干。每次我都眼巴巴地盼着，那种等待的喜悦是无法比拟的。现在广州随时随处都可以买到四川牛肉干，甚至在美国都能买到。而你从美国带回去的巧克力也不特别，国内也能买到，唯一的差别就是价格。国内每个城市都有一条商业街，铺子的格局和卖的商品都差不多，没有任何新鲜感。如果整个世界都变得一样，那就太没意思了。上帝创造的世界不一样才有意思。（笑）

以前我会看网络写手写的"心灵鸡汤"，一开始挺兴奋，现在都不想喝了，实在是喝腻了。（笑）以前的人还有等信的喜悦，"家书抵万金"，现在都是靠邮件微信联络，虽然便捷了，但少了等待的喜悦。

小时候,每天中午收音机都会播《三国演义》等章回小说,从12点到12点半。我11：30下课,就赶紧骑车往家里跑,一到家里就打开收音机。每次讲完,主持人都会说一句：欲知后事如何,且听下回分解。那种等待、期盼、喜悦,现在是体会不到了。现在想看什么,可以一口气看到深更半夜,马上就可以分解了,根本不用等下回。(笑)其实那种等待是一种美。现在科技太发达了,大家都喜欢享受便捷的东西,所以那种美就慢慢消失了。

对于生活,我以前觉得人活在世界上应该用最少的资源,不要浪费。所以我平时用水用电都很节约,不是用不起,而是觉得没必要浪费资源,要留给下一代。比如穿衣服,我觉得没必要经常更新,只要整洁保暖就行了,如果跟潮流,很快就会过去的。但现在觉得自己像个古董,有点担心跟不上潮流。(笑)

人内心有个欲望,总想比别人好,这是可怕的魔鬼！人得到的其实远远多于自己所需要的,但人心总是不满。我刚毕业时挣的钱比现在少多了,但比现在快乐。其实我所拥有的已经超过自己的需要了,可是看到周围的人,特别是同学朋友拥有的比我多,心里就不平衡,其实我真的不需要那么多东西。我自己心里挺矛盾的,所以必须学习如何不受周围环境影响,做我自己,保持一颗安静的心。我一个美国同事的儿子就不买车,自己骑车上班,他坚持以自己喜欢的方式生活,让人羡慕。

美国是个商业社会,大家的消费欲望很强。处在这样一个环境中,能否持守得住自己的准则,得看你的内心是否强大、坚定。当然美国也有那样的一拨人,他们坚持用最少的资源,过最简朴的生活。我觉得人应该这样活着,只有节制,人类才能得以存续。

我来美国这么多年，思维有一定改变，比如遇到事情，首先想到的是从制度上想办法，而不是找关系。但是与生俱来的中国式思维还是很难改变的，比如排队时看到前面空间很大，不由自主会往前挤一下。但人家留出空间来是和你保持距离的，而不是让你加塞的。（笑）我认为这可能不是素质高低的问题，而是生活习惯的不同导致的。

曾经有一次，我姐姐问我，如果要给美国和中国打分，你会怎么打？我说，美国85分，中国75分。没有一个国家的制度是完美的，中国和美国各有优劣。中国改革开放后经济发展很快，各方面都有进步，但是和美国比，少得的10分就在于很多细微之处。

美国多出来的10分，一方面在于，社会是相对公平的，不论是什么种族，什么阶层，只要凭自己的努力，一般能得到相应的回报，每个人在这里基本都能找到自己的位置。中国这几年的经济发展很快，基础设施也比美国建设得好，但是很多时候是以牺牲公平为代价的，比如政府的违法拆迁等。另一方面，美国很多事情都是制度化的，不是个人头脑发热想出来的。比如发生灾难时，中国一般提倡"一方有难，八方支援"，政府会号召民间捐款。但是美国很少见到这样，因为一切都有制度保障，比如一旦有人受灾，政府相关部门、保险公司都会迅速跟进，各尽其职，不需要民间再做什么。当然，民间也会送温暖，提供力所能及的帮助。而且他们的保障措施是很细的，持续时间也很长，不是灾情一过就不管了。你看"桑迪"飓风过去好多年了，但是政府还在继续帮助当初受灾的人。当然，中国这几年也在进步，我想这也是需要时间的。

美国的好，往往体现在细微之处，不是你来旅游几天就能体会到的,而是要在这里生活个三五年才能感受到的。

我上班的地点在中央火车站。每天我一走进火车站,就有一种不可思议的感觉。你想想,它建于102年前,当时的设计竟然那么精美,而且超前,现在进出的人流量那么大,它依然还能如常运转,真是太了不起了!你知道中央火车站的四面钟吧,那可是无价之宝,那么多年了还在走,据说一百多年来只慢过两次。它是文物,一个还在工作中的文物。每次走进火车站我都想向当时的设计师致敬,他们的远见实在让我佩服!

还有纽约地铁,也有100多年的历史了,现在看起来虽然又脏又破,但毕竟还在正常运转,当时的设计师多了不起啊!中国现在发展得也挺不错,但是千万不能骄傲,因为你是后发展的,是站在前人的肩膀上,所以比别人做得好是理所当然的。(笑)

正如我前面所说,没有一个国家或者一种制度是完美的,美国也一样,它也有很多问题。比如歧视,这种歧视包括对人种的歧视和对不良习惯的歧视。歧视可能不是表面的,但有时你能感觉到。还有枪支的问题,因为媒体经常报道美国枪击案,所以我姐姐就觉得这是美国很不好的一个方面。我以前也那么觉得,后来读了一篇关于美国人持枪的深度文章,觉得可能持枪也有一定的合理性。你想想啊,如果限制枪支,好人肯定没有枪,但坏人能从黑市搞到枪,他们知道好人没有枪就更肆无忌惮了。但现在好人也可以有枪,所以对坏人来说就是一种制约,他们不敢轻举妄动。你看美国很多人住独栋的房子,如果没有枪就太危险了,估计经常被抢劫和偷盗。所以说,我们要客观评价美国持枪制度,它可能会带来不好的后果,但是也有一定的合理性。

以前我来美国前，老觉得只有中国人是这个世界上最勤劳的民族，但后来发现不是这样的。每天早上6：23，我坐火车从新泽西到曼哈顿上班，发现火车上的人一点都不少，他们是不同的族裔，但和中国人一样勤劳。所以，你在这样的国家生活，必须要加倍努力才能立住脚，而不是躺在那里等天上掉馅饼。在美国，天上是不会掉馅饼的，你的每一点收获，都要靠自己奋斗。

我来美国十几年了，不知是否因为年龄大了还是什么，有时也有叶落归根的感觉。虽然中国食物有很多安全问题，但毕竟合自己的口味。在美国，有时开车到休息站，看着那些美国食品，实在不想吃，那时我就想：这会儿要来碗担担面就好了！说实在的，我还是挺想念国内的，特别是食物，毕竟那是人记忆中很重要的一部分。有时我想不明白，中国食品虽然有问题，为什么大家还吃得那么欢，活得那么欢？（笑）

（四）美国教育注重品格培养

◇ "他们（美国）更关注孩子性格的发展。他们认为，教育不仅是传授知识，而是培养一个好人。如果培养出一个有知识的'坏人'，对社会造成的杀伤力会更大。"

我儿子快8岁了，今年9月要上二年级了。他很调皮，学习成绩很好，但不太会社交。如果在国内，老师可能觉得只要成绩好，其他就无所谓了，一般不会太关注孩子的品格成长。但美国不一样,他们更关注孩子性格的发展。他们认为,教育不仅是传授知识,而是培养一个好人。如果培养出一个有知识的"坏人",对社会造成的杀伤力会更大。我儿子的老师觉得他不太会交际,有点问题,就把我喊去谈话,给我一些建议。学校还组织几个有同样问题的学生一起培训,教他们社交技巧。

有一天儿子回家问我:妈妈,你知道生气的时候该如何处理吗?首先,要数一二三,让自己冷静下来,如果还不行,就找个东西捏一下好了。我乐了,我很大了才知道这个排解情绪的办法,儿子这么小就学会了。(笑)

对于儿子身上出现的问题,我自己反思了一下,觉得可能家庭氛围对孩子有影响,所以就和老公适度调整了一下,孩子的性格也慢慢有了变化,现在一年比一年好。

我不是虎妈那种类型的,基本是放羊式的教育。我老在想啊,"文革"中的那拨人,他们平时不读书,后来通过自学,很多人冒尖了,所以逼孩子学是没用的,重要的是他要真正感兴趣。所以我不怎么强迫孩子学什么,比较尊重他的选择。

当然,不强迫他学什么也不意味着什么都不管,毕竟这个社会竞争太激烈了。儿子5岁多就开始学钢琴,每天也会练,但总要大人提醒。看他这样子,我对他说过好几次:如果你真的不喜欢,可以停掉,妈妈不会在意的,但他还是愿意坚持。我不希望他成为郎朗那种类型的,只是希望他通过学钢琴,可以掌握乐理知识,对音乐有初步的了解,自己的人生也多点乐趣,仅此而已。现在,他每周到老师那里上一次课。

让我欣慰的是,作为华裔二代,他现在还比较愿意讲中文。带

他回国内,他从头到尾都是讲中文。我问他为什么要在这样,他说自己回到中国就想变成一个真正的中国人。(笑)

孩子参加镇上的童子军,平时要去参观消防局、老人院,了解镇历史。而且级别越高,参加的活动就越有挑战性,比如要给士兵募捐等,很锻炼人的。如果是童子军最高级的,很多名校都抢着要。美国很多父母平时很喜欢做义工,可我有时带孩子参加活动会觉得累。可能文化不同吧,美国很多家庭都喜欢做义工,代代传承,所以就容易形成一种习惯。现在我在想,如果有时间,我也很愿意尽自己所能去帮助别人,因为"施比受更有福。"

我们镇上的中国人有自己的微信群,大家搞些团购什么的,内容仅限于生活。我觉得应该开展些活动,为社区做点贡献,展现中国文化。下次我可以在群里建议一下,让大家开展一些此类活动。

访谈手记:

算起来,对智齐的访谈从春天延续到夏天,这是一个很有意思的过程。

第一次见她,是在新泽西 Wyckoff 的一个华人教会。她齐耳短发,穿着一件绛紫色的卫衣,言语不多。不经意的聊天中,我知道她是一个维修火车的工程师。对于我这样一个数理化一塌糊涂、安个灯泡都费劲的文科女来说,工科女实在是让人高山仰止,况且人家不是修理自行车,而是火车那么个大家伙!

我立刻提出采访她的意愿。她没有立即答应,而是谨慎地说:我回家问问我先生。过了几天,她告诉我,先生答应了。顿时,我觉得这个能修火车的"女汉子",居然也有着小女人的"洗手做羹汤、先遣小姑尝"的婉约。也许,作为基督徒的她,笃信男人是家里的头,所以凡事尊重先生的意见。

因为智齐平时在纽约上班,周末要陪孩子,所以我们的采访都是见缝插针进行的。她上班的地点在纽约著名的中央火车站,一座有着102年历史、精美无比的建筑物。那里距离纽约 Byrant 公园不远,所以,我们就约了在公园见面。

那天晴好,午餐时间的公园满满当当全是人,我们约在喷泉前见面。远远地,便见智齐走过来。她手里拿着一瓶水和一片巧克力,坐定后就推到我面前,"你没吃饭吧,赶紧吃!"刹那间心里暖烘烘的。纽约是座以人情淡漠闻名的城市,但智齐坐在那里,让人觉得有一簇火苗在燃烧。

五月的纽约街头,姑娘们裙装飞舞,小伙子们英气勃发,空气里飘的都是恋爱的味道。我们两个人坐在一片法国梧桐的阴凉中,在二十一世纪的美国回忆上个世纪七八十年代的中国,真有一种时空错乱的感觉。

智齐回忆小时候等待爸爸从四川回来,给她捎牛肉干的情景,回忆以前没有微信邮件、"家书抵万金"的年代,怀念那种等待、期盼的心情,遗憾科技的发达让人们失去了等待的喜悦和慢生活的美。是啊,正如诗人木心在《从前慢》里所吟唱的那样:从前的日色变得慢/车,马,邮件都慢/一生只够爱一个人……可是,我们被命运抛进这样一个瞬息万变的时代,只能努力持守内心的准则,好叫自己不致迷失。

在中国生活了28年,之后又在北美生活了19年,这让她对中美两国文化制度的差别洞若观火。她的观察带有理科生固有的理性,同时也不乏细腻。比如她会注意到美国人出入地铁时的表现,"道很窄,他们会一个个上下,遵守规则,很少有人加塞。所以虽然人很多,但没有很挤的感觉。"对于中美两国的民众在细节上的不同表现,她不同意多数人所说的"素质论",而认为是生活习惯不同使然。

每隔一两年,她都会回国探亲。中国发展之迅速,让她惊奇,但其间弥漫的浮躁气息也让她感到不习惯。"我有时也有叶落归根的感觉,但估计是回不去了,因为回去可能是第二次文化冲击,估计很难适应。"

回不去了,回不去了。这是我采访其他人时经常听到的一句话。少小离家,老大难归,这中间横亘着宽阔的太平洋,更横亘着去国多年文化上的陌生,想想让人有点伤感。可是,人生天地间,"飘飘何所似,天地一沙鸥",我们灵魂的最终居所,是在天上,而不是地上,所以,不管身在何处,心安即家。

刘汉英

在华尔街传讲『道德经』

履历：1969年出生于湖北省武汉市，1990年大学毕业。1992年赴美攻读财务管理硕士学位。先后在芝加哥、法兰克福、新加坡、香港、上海等地工作，涉足财务、金融、猎头、私人银行、艺术经纪、教育投资和咨询等行业。2009年初在纽约创办『华尔街中文』，教授商业中文，传播《道德经》、太极、功夫等中国文化。

采访时间：2015年9月23日

采访地点：纽约百老汇大街，『华尔街中文』

（一）美国情结

◇"我对美国很有感情，但它不能完全给我想要的东西，所以当时很苦闷，一心想离开，但真正离开了又会想念。"

说起来，美国算是我的第二故乡了，毕竟第一次到美国佛罗里达州时我才 23 岁。中间虽然有将近十年在欧洲、东南亚和上海居住，但美国读书、工作、生子的经历，让我对这个第二故乡的感情很不一般。2008 年我再次回到美国后，就算定居在这里了。

第一次到美国是 1992 年。当时我大学毕业不久，在深圳的房地产行业工作了一年多。那时，从内地去深圳，而且在这么热门的行业工作，对一个 20 岁出头的小丫头来说是很幸运的。

在一次聚会上，当时的同事介绍我认识了北大毕业在美攻读博士的后来的先生。当时的我很年轻，很少见到他这么年轻、优秀、开明的留美在读博士。因为他很快就要回美面对孤独的求学生活，所以认识我一个月后就向我求婚了。事情着实突然但又很难拒绝。我考虑了一周，最后还是同意了，并于同年飞到美国佛罗里达州和他团聚了。来了以后，觉得那里的生活比起深圳的繁华实在是闷太多了。没办法，既然生米已煮成熟饭，我只好也去读书，读的是会计专业。毕业时，由于一个小车祸把我回香港工作的梦打破了，于是1996年毕业后，我在一家保险公司找到一份稳定的财务工作。接下来，顺理成章地买房买车，并于1998年生了个可爱的女儿。

1998年，先生有个到德国工作的机会，我鼓励他去，并带着刚一岁的女儿也跟过去了。因为是拖家带口，所以想像中的浪漫的欧洲背包旅行并没有发生。德国给我的文化冲击很大，印象最深的是裸体广告和博物馆里的裸体雕塑。我们那个时代还是非常保守的，虽然生了孩子也成年了，但对人体了解得并不多，看到有男性生殖器的雕塑还会不自在呢。（笑）

在德国的那段时间，我很喜欢德国的干净、整洁、有序，但因为不懂德语，很难与德国人深入沟通，感觉生活条件还不如美国好。不过那时比较开心的是，从家里出来十分钟就能见到森林，可以采蘑菇、木耳。德国人对大自然的保护和热爱让我很受感染，欧洲的艺术和文化也让我着迷。

由于语言障碍，感觉在德国职业发展受限，最主要还是和我先生在思想意识和感情上也渐行渐远。就在去德国的那年年底，我抱着一岁多的女儿回到了中国，不准备再回德国。此前一年，我在美国带女儿回国探亲坐飞机时，偶然认识了一个新加坡的儒商，他在香港机场给了我一张名片，说他的公司在武汉设有工厂。回到国内想起这件事，就与他新加坡的办公室联系。我们很快就在上海见了面，没想到他是新加坡一家上市公司的董事长。他问我喜欢新加坡还是在香港工作，我选择了新加坡。很快我去了新加坡工作，做他的助理，到处飞，马来西亚、越南、中国……当时去的一些地方还很落后，而且谈判要解决很多棘手的宗教、劳工、市场等问题，还要面临新加坡企业文化差异等。最重要的是，我在新加坡非常想念孩子，因为将她放在武汉父母家里，路途遥远，回去一趟不容易，就想换到香港工作。

那时的先生也找了一个机会到香港，但是人基本在北京工作。他极不适应中国，所以待了一段又回美国了。当时我觉得我们的价值观和人生观差异很大，好像活在两个世界里，所以没有跟他回美国的想法。我想离开他，自己带孩子独立工作和生活。可能有孩子的女人要独立，就要付出代价吧。第一步是经济独立。当时我换到一家英国公司做中国项目管理，经济上还可以。第二步要找个可靠的人帮助带孩子。我左思右想后，决定把孩子交给家里的长辈带。

在中国的那段时间，我换了一种生活方式。以前在美国时，我经常会坐游轮去旅行，而且每次必买珠宝。回到中国后，我发现很多地方仍然很贫困，觉得不应该那样生活，应该多帮助自己的祖国。这也为我后来去上海从事教育工作打下了思想基础。

2002年，我女儿四岁了，回了美国一年。我就开始考虑，将来让她在哪里接受教育。我一直很喜欢中国语言和文化，也不愿意看到我的孩子长大后变成"香蕉人"，于是立志让女儿学中文。但学中文一定要回中国，比较了几个城市后，我觉得上海东西方文化都有，而且比较有发展前景，2003年我把女儿带回中国。之前我在上海买了一套房子并装修好了。孩子5岁半时，我把香港英国公司的工作辞了，为自己创造了一个工作机会——把一个香港专家带到上海一个国际学校，开展国际教育项目合作。

就这样，我和女儿开始了5年难忘的上海生活。女儿一开始在国际学校，后来我觉得要学地道的中文，还是要到公立学校，于是就把她送到了公立学校。女儿进去后，和中国普通孩子一样，唱国歌、戴红领巾、肩上戴两道杠。她知道自己出生在美国，可是又生活在中国环境中，所以很迷惑自己到底是中国人还是美国人。她一开始说自己是美国人，后来又说自己是中国人。(笑)

在上海的5年，我经历了很多。国际学校的项目停止后，我到外面找工作，反而被这家公司猎去做了猎头。这份工作需要了解很多行业，要知道如何培训别人，所以是个很好的锻炼机会。那个年代，在美国是没有机会让你做猎头的，当时去美国的中国人多是做计算机、会计等不说话的行业，你英文不是母语，需要说话的工作是很难轮到你的。

在猎头公司做了一段时间后，我又去一家比利时公司做总裁助理。总裁是个比我小两岁的比利时人，很有个性，不太好相处。面试很有意思，他问我两个问题：如果我有很多女朋友，每天和她们一起出去玩，你会怎么做？我回答：那是你的私事，和我没关系。他又问：如果我天天参加party，很晚回来，你会怎么认为？我还是相同的答案，他就录取我了。(笑)工作环境很好，很大的办公室，所有设备和总裁办公室都是一样的。我每天穿得漂漂亮亮的，跟他出去参加谈判，做翻译、记录，为他订最好餐馆的最好座位。他不允许我和公司其他人交朋友，要永远高高在上，所以我就像只关在金丝笼里的高级打工小鸟，没有朋友。工作是全天候的，一天24小时不能关机，老板非常有个性，有时带我去催款，催的是几百万几千万的款，到别人公司就吵开了，遇到中国公司，我真是左右为难。由于个性和价值观太冲突，他又不再给我机会，我最后选择离开了。有意思的是，这位老板还给我买了个很贵的再就业的私人培训服务，但我已打定主意要做自己的事业。

好玩的是，在上海那些日子，我还和艺术结了缘。刚来上海时，有人介绍我认识了一些艺术家，其中有个画家在太康路经营一家画廊，卖的都是他自己的作品，我就投了一点钱入股。有空时，我就过去看店，因为来的很多是外国人，我英文好，所以我在时生意就比较好。女儿那时还小，到过工作室几次，阁楼上上下下跑。她后来写了一篇小文，回忆那段生活，居然说到了对画廊和艺术家工作室的记忆。也许当年那个小画廊对她有点启蒙作用吧，她后来学了艺术。这也是我没想到的，因为她之前好像不爱去博物馆之类的地方。(笑)

在上海两年以后，我从一家私人银行出来，做了全职艺术经纪人，满世界跑，重要的艺术博览会我都去过。我从来没有做过这样的工作，牵线的双方都像你的朋友，对你都很友好，而且你还能从中挣到钱。我做了两年多艺术经纪人，那是中国当代艺术最火的时候，也是我人生最自由的一段时光，虽然期间也经历了一些有惊无险的事情。

在上海五年还是很值得的，女儿完全浸泡在中文环境中，所以

10岁回到美国后,她的中文已经很棒了,回美国一段时间后,英文也很好。最重要的是,她在中国学到勤俭节约、尊老爱幼等做人的道理。当时我家里有个保姆,和女儿感情很深,女儿去过她家,发现她家里很穷,住的房子很小,就知道这世界还有比她更穷的人,自己要知足。

可是你知道,我作为一个带着孩子的单身女人,在中国的生活是很艰难的,因为中国对单身妈妈是有歧视的。我很喜欢漂亮的盘子,但一直不敢买,因为不知道自己会住多久,但有一次实在忍不住,买了几个挂在自行车前面,后面还载着女儿。那天下着雨,一辆轿车突然横在了我前面,我紧急刹车,车倒了,盘子掉地碎了几个,还好女儿机灵,提前跳下来了。车里坐着一家三口,开车的男人下车对我破口大骂。我和他理论了一番。因为自行车摔坏了,我只好推着车和女儿走在雨中,两个人都被淋成落汤鸡。我对女儿说:孩子,生活太苦了!没有一个男人可以保护我们!

一次回美,一个在芝加哥的朋友说很羡慕我,因为我跑了世界上那么多地方,经历了那么多事情。我说,你有车有房,生活多舒适呀,可是我什么都没有。她说,我生活多闷呀,天天上班下班的。其实我想说的是,他们可能永远无法想像我每周从香港到广州看女儿的迷茫和痛苦,还有冒着可能丢掉性命的危险去收款的恐惧。

疲倦的时候,我也会想起美国。我对美国很有感情,但它不能完全给我想要的东西,所以当时很苦闷,一心想离开,但真正离开了又会想念。在香港工作的时候,我经常一个人去看夜里9点多的电影,很多是好莱坞的电影,里面有美国中产阶级的生活场景,让我感觉熟悉又遥远。我曾经拥有，但后来自己放弃了，现在可能回不去了。看着看着，忍不住掉泪。离开美国后才知道，原来我对美国是有情结的。

（二）在华尔街讲《道德经》

◇"这个世界需要连接，但实际上缺少连接。我长期在中西方文化中游走，已经具备这种眼光和想法，下一步就是要寻找一种途径和模式，把中西文化连接起来。"

2008年，我带着女儿回到纽约。我是拿着两个箱子来纽约打拼的，虽然以前也来过多次，但这次感觉完全不同。

很幸运，一周后，我在华尔街找到了一份金融市场和艺术推广相结合的工作。我回了趟国，带了一些以前认识的艺术家的作品，筹备开画廊。可是，同年底金融危机来了，我也失去了工作。2009年初，经过一番苦思冥想，我想开个将中西语言、文化和艺术结合的咨询和培训机构。我想到了"华尔街中文"这个名字。

一开始是在家里办公的，那时生意很好，因为我算是教商业中文的先锋吧。我们举办各种活动，在媒体上刊登广告，甚至到处张贴广告，慢慢就有了群众基础。（笑）刚开始时，我只做成人商业人士的中文培训，2012年起开始做儿童的中文培训。我们经常举办各种讲座，如《道德经》讲座、书法、水墨、太极、功夫、电影、风水讲座等，来的人挺多。

第一次在美国待了7年，我和中国老公生活在一起，生活很中国化，虽然也与外界接触，但没有建立社交关系。这次回来完全不一样了，在世界上转了一大圈，我觉得传播东方文化有很多商业机会，同时也可以帮助中国人。这几年中国在世界舞台上越来越重要，想了解和学习中国文化的人越来越多。此后事业的发展也证明了我当初的眼光是独到和超前的，很多中外媒体也经常报道"华尔街中文"和我本人。今年4月，我还上了美国一档很有名的房地产节目真人秀，叫"Million dollar listing"。

来我这里接受培训的成年人，很多是想和中国人做生意，或者到中国工作的，我会给他们先讲讲中国的历史、文化、地域特征等宏观知识，然后再举一些具体例子，告诉他们中西方文化的差异。比如中国人比较委婉，他不会直接拒绝你，但他说"我再考虑一下"时可能已经在说"no"了；中国人做一个决定需要比较长的时间，这是由政治体制、民族习惯等因素决定的，所以你要学会耐心等待。我还告诉学生和中国人见面最好送份礼物，他们就问要送多少钱的，我说这由你们的感情亲疏、关系远近决定，老外一听，傻眼了。(笑)我以前给外国人培训时会讲到中国人的关系学、面子文化，现在会告诉他们，你们到中国还应该有这个意识，但现在中国也在逐步变化，慢慢走向透明。

你知道美国人大大咧咧的，没有心眼，而且无拘无束，所以到中国还是需要适应一段时间的。有些学生去了之后用到了我们教的东西，觉得少了很多文化冲击，很感谢我们。

我们中文课程设计成初级、中级和高级三个等级，只有学到中级的人才能学习商业内容。为了让学生更客观地了解中国，我带他

刘汉英和明星学生

们读关于中国的报道,比如《中国日报》、《华尔街日报》中文版等。中国媒体喜欢用一些很大的词,我的学生看到"百花齐放"就很费解,问我什么意思。我也觉得不好解释,只能解释成"经济发展得很好"。(笑)目前我们这里程度最好的学生可以阅读《华尔街日报》中文版,遇到一些缩写的词、不常用的句式,他们就会问我。

平时,我喜欢把老子的《道德经》引入教学中,请老师给学生讲《道德经》。我们会用一些生活中的例子,解释"物极必反"、"自然而然"等概念,他们也能听懂。为什么推崇《道德经》呢,首先是因为道家是中国自行"生产"的,是原装的,不是舶来品;其次,"道"很开阔,是无限的,而且不束缚你。它告诉你如何与自然万物和谐共处,充满很多智慧,可以运用到生活中。有时我心里有点不痛快,想到《道德经》里的很多话,又觉得没什么了。

其实在我看来,生活就是最高的"道"。你吃好每顿饭,做好每件事，每天都开开心心的，就已经在实践"道"的智慧了。我的很多美国朋友就是懂得生活之"道"的人，话不多，永远不急不躁，情绪很少起伏，似乎世界上发生的任何事情都能安然接受。有时我觉得很奇怪，可能有些人生来就已经悟道了，所以不需要后天的学习。(笑)

除了教中文，我也开设了一些文化班，比如书法、太极、风水、茶道等。主要是请老师来，采取讲座的形式，让大家从他的介绍中了解中国文化。下周二我们就准备开一个太极班，一共8次课，你来不来？（笑）

开办"华尔街中文"这些年，我的收获很大，首先是重新建立了一个学习平台，认识了很多传播中国文化和喜欢中国文化的志同道合的朋友，精神上不寂寞。中国人到异国他乡，往往着急融入他国文化，却不了解自己国家的文化。我认为只有知道自己从哪里来，才能知道到哪里去。其次，我学会了做生意。以前我是给别人打工，不用考虑太多，现在自己做生意了，就要想到商业规则、商业模式等问题，从中学到很多新东西。

以前我不太注重参与社会活动，觉得把自己的生意做好就可以了。现在我慢慢改变了思维，会主动参与。纽约市政府有专门给小型企业做培训的项目，从今年开始，我被聘为讲师，给他们上课，讲授与商业有关的内容，这已经是第三季度了。在讲课过程中，我发现越穷的地方越需要教育。以前我培训的是成功人士，现在发现教育的主要对象应该是那些需要教育的人。

从今年开始，我周一到周五到纽约一家教会学校教中文，孩子从6、7岁到高中的都有，一些孩子的父母有问题，都投射到孩子身上了。一开始他们很挑衅,上课都不好好上,后来我干脆和他们好好聊一次,把很多问题说透了,现在他们好了很多。小孩的可塑性是很强的,他们在网上也可以学习,不一定需要老师,但需要有人启发他去思考,帮助他建立思考体系。

通过教这些孩子,我深刻体会到美国最了不起的地方就是,它能让每个人都很自信。就像这些孩子,他们虽然有很多问题,会犯很低级的错误,但一个个都很自信。你还不能打击他们的自信,而是要鼓励他,我们以前在中国学的那一套在这里根本不管用。

经过这么多年的努力,我构建了一个平台,积累了教育、文化、商业等资源,它前期的使命已经完成了。下一步,我想把它做成连接中西方文化的桥梁。这个世界需要连接,但实际上缺少连接。你看我去德国转一圈就走了,因为不同文化之间缺乏连接。后来我又到欧洲转了很多地方,知道文化差异在哪里,知道哪些地方需要连接。我长期在中西方文化间游走,已经具备了这种眼光和想法,下一步就是要寻找一种途径和模式,把中西方文化连接起来。

以前中国人到美国是买房子、买奢侈品,现在很多人来是为了投资、子女教育,这个群体需要很多生活和商业上的服务,我准备在已有的平台上再丰富一些内容,为他们提供更好的、成体系的帮助。今年感恩节,我准备回国一趟,接接地气。我已经三年没回国了,现在中国发展太快了,日新月异,再不回去看看,就和国内脱节了。(笑)

（三）在美国，天上不会掉馅饼

◇ "我建议他们（新移民）一定要运用自己的 knowledge（知识），了解美国的文化制度和社会规则，知道如何运用规则，否则一定会吃亏。"

因为我公司的信息在国内也能搜索到，所以也有一些国内企业找到我，要我当翻译或者提供别的帮助。通过和他们接触，我发现他们对美国的认识有一定误区。

比如我曾经接待过一批中国企业界人士，他们要考察硅谷，先设想硅谷是什么样子，希望用自己的方式解决所有问题。这是不可能的！正如我一个朋友所说，硅谷文化不是中国人想的那样，环境优美，工作舒适，轻轻松松就能拿高薪。别忘了，这是资本主义社会，它会不断 push（推动）你往前走，让你的潜能发挥到极致，实现价值和利益的最大化。确实如此！一些国内来的人思维太天真，根本不了解资本主义是什么样子，一切都是想当然。虽然资本主义不像以前那样压榨你的体力，但是同样压榨你的脑力。形式可能不同，但本质是一样的。

现在很多中国人到美国，恨不得把美国变成中国，他们要吃地道的中餐，甚至要唱卡拉 OK。他们这种观念，很难适应美国的生活，很难有幸福感。我的建议是，既要寻找熟悉的东西，也要学会接纳新的东西。世界是很丰富的，你不要老活在自己的小圈子里，活在固有的生活模式中。当然，由于存在语言障碍等问题，对于他们来说，需要有人提供文化、教育、生活等方面的帮助，使他们更好地了解美国、适应美国。

因为我的公司开在华尔街,经常有人问我,华尔街是什么?我告诉他们,那些人天还没亮就到华尔街工作,他们要与政府周旋,要预判经济形势,要动很多脑筋的。在美国,天上从来不会掉馅饼的,都需要你付出很多,生活就是一场战斗!

现在中国有钱的人越来越多,他们到美国来,觉得有钱就能办好一切事情。其实不是那样的。你有钱,但不了解规则,遇到事情照样会输。因为这是别人的国家,规则不是你定的,你必须明白这一点。你看我,1992年就来美国了,英文也不错,接受的教育比大多数美国人好,人长得还算漂亮,而且还有自己的公司,但你一旦遇到事情,还是觉得自己是一个弱者。

这两年来,因为一宗房产股权纠纷,我一直在打官司,打得身心俱疲。我买房子,买了多方的股份,已经付了钱,但楼里的业委会就是不把股权转让给我。案件到法院后,法官做了对我有利的判决,以为过关了,但最后合约一方没有执行,案子无法结,我只能再上诉,案件又被踢到另一个法官手里,他接案后又踢给政府,现在政府介入帮助调停。以前我老觉得他们欺负我这个外国单身女人,现在觉得可能不是那样,法官虽然同情你,但不可能一直无限度地保护你,他们首先要保护自己的饭碗。事情到了这一步,我只能把《道德经》的智慧用上了,物极必反,凡事有度,所以对政府部门说,我可以和解,只要他们把股份转给我就行了,别的就算了。

打官司过程中,我实在太难受了,就对楼里的业委会说:你们到底要怎样,我钱都付了为什么还不把房子转给我?最困难的时候我都不想活了!他们不理解我说话时是带着情绪的,就对我的律师说:"你看,她在威胁我们,想自杀。"因为文化不同,他们根本不理解你生气时的表达方式。别人都说我英文好,上台演讲都没问题,但遇到极端情况时还是觉得能力不足,自信心被摧毁得一塌糊涂。

一个人要在国外生活,跨越文化上的隔阂真的不容易,即便像我这样在美国接受过教育,英语还算好的。后来我把自己的想法写下来,让美国朋友帮忙修改,努力符合美国人的思维习惯。所以我建议中国人在美国生活,一定要多结交当地的朋友,这样会有助于你更好地适应美国。

不管是美国还是中国,人性里的东西都是一样的,也有歧视,也有以强凌弱。在中国,可能表现得比较明显,比如开轿车的歧视开摩托车的,开摩托车的歧视骑自行车的,但在美国不会那么明显,他们不会和你打架,但是会运用规则来对付你。如果你没有钱,则无法玩这个游戏;你有钱但不懂规则,也未必能赢;如果你又有钱又懂规则,才可能会赢。

现在很多移民美国的中国人都是40多岁,他们像树一样被连根拔起,移植到这块全然不同的土壤,适应起来真的很难。我建议他们一定要运用自己的knowledge(知识),了解美国的文化制度和社会规则,知道如何运用规则,否则一定会吃亏。如果不好的事情发生了,一定要寻找有经验的专业人士通过有效途径去申诉。说到这个,我想起台湾作家龙应台,她学贯中西,了解西方的文化,但又知道自己的根在哪里,所以在两种文化之间可以游走自如。

中美法律、制度、文化差异真的挺大的,比如今年发生的魏天冰性骚扰案件就是一个明显的例子。魏是华尔街一家投资咨询公司的老板，一表人材，聪明能干。他招聘了一个瑞典女孩，为她租了一套豪华公寓，两人发展为情人关系。后来他发现女孩和别的男人上床，就给她本人和家人朋友打电话，发短信和邮件，说她在纽约花天酒地，搞派对，滥交胡搞，前途很危险。他还在网上发布文章曝光女孩的家人姓名。最后女孩把他告上法庭。法院以性骚扰判决魏支付赔偿1800万美元。

作为中国人，很容易把感情和法律搅在一起，觉得这个女人太不讲情义了，魏对她那么好，她居然和别的男人睡觉，还把魏告上法庭，魏报复她也是情有可原的。但在美国可不是这样的，情人关系是不受法律保护的，如果女孩和别的男人睡觉，他应该和她斩断关系，让她走，但如果以不当行为骚扰她，就是违法，就要受到法律的惩罚。感情的事情和法律的事情不能搅在一起，一码归一码。

这么多年来我的体会是，要在美国打拼出一番天地，需要实力、机遇和勤奋，缺一不可。

美国是全世界最大的移民国家，很有包容性，所以还是有很多机会的。如果你到纽约爱丽丝移民博物馆看看，就能了解美国的移民史。上个世纪初"移民潮"涌动时，从世界各地来了很多人，他们来的时候都是站在一个相同的起点，最后靠自己的勤奋慢慢发展起来。看到这个，中国人不应该觉得自己低人一等，因为美国大多数人都是移民。况且，中国人来美国算很早的了，19世纪就来修建太平洋铁路了，只是因为当时制定规则的是英国人。所以对华人来说，我们一定要参政议政，参与制定规则，而不是关门挣自己的钱。

我认识的一户人家，两个孩子一个是律师，一个是医生，配偶都是白人。他们觉得这样就算融入美国社会了，可以光宗耀祖了。

孩子们觉得报答父母的方式就是挣钱。这种想法是扭曲的，是因为没有安全感导致的。以前中国人日子太苦了，现在有老婆孩子热炕头就觉得很满足了，没有更宏大的想法。这种感觉是会从上一代传给下一代的，非常不好。

今年，有个叫李林笛的华裔女孩去竞选国会议员，我觉得她非常了不起，放弃挣大钱的机会，而愿意为民众服务，不简单！希望以后华人圈里出现越来越多这样的社区领袖，带领华人与美国不公平的制度做抗争，我愿意支持他们！我在美国一路走过来，知道这对华人来说很重要。中国人既聪明又勤奋，已经成功三分之二了，差的就是关键时刻出那漂亮的一拳！（大笑）

访谈手记：

汉—英，名字里含着这两个字，也许命里注定要在中美文化之间游走，充当桥梁。

当我第一次看到"刘汉英"这个名字，又知道她在开办"华尔街中文"时，心里突然这么一闪念。

和汉英是在法拉盛的一次活动中认识的，当时她穿着一件很舒服的白衬衫，戴着绿松石项链，清爽怡人，让人眼前一亮。后来通过互加微信，我慢慢地了解了她的个人世界。

她是感性的。纽约街头的一抹斜阳，中央公园的一簇新绿，周末的一段闲暇时光，都能引发她的无限感触。就连华尔街那么阴气十足的地方，她也能透过叠叠嶂嶂的高楼，看到逼仄天空中流动的云彩。

她又是理性的。谈起公司的商业模式、中美未来的经济交流等与商业有关的内容,她头头是道,颇有见地,一看就是在华尔街浸淫许久的"金融女"。

感性和理性,如此奇妙地统一在她的身上,这让她显现出一种特殊的气质,既有小女子的娇柔,又有不让须眉的果敢。后来听说她是武汉人,我就不感到奇怪了,在武汉读了四年大学的我,深谙武汉女子的特点,她们看似娇弱,但说话行事皆如疾风吹劲草,干脆利索,就像武汉的天气,热得痛快,冷得彻底,从不拖泥带水、模棱两可。

汉英是个很有故事的女人,从中国到美国,又从美国到中国,然后再返回美国,其间经历的曲折和丰富,恐怕鲜有人能及。她开玩笑,这半生碰到的坏人都不知道有多少。可以想见,作为一个女人,一个漂亮的女人,一个漂亮的单身女人,要在险恶江湖中如何闪跃腾挪,才能穿过刀丛枪阵以及玫瑰陷阱,避免受到伤害啊。

好在她是幸运的,有中西文化了然于胸的视野,有自己喜欢做的事情,有聪慧可爱的女儿,有一颗永远热爱生活的心,所以,尽管生活虐她千百遍,她依然待生活如初恋。每个清新的早晨,走在纽约的街头,她总是能用孩童般纯净的眼光去温情地打量这个无情的世界。

采访她的那天,我们两人足足聊了八个小时。悠悠茗香中,她坦诚地向我敞开自己,人生、爱情、事业、女儿……每段故事都那么精彩。明明可以靠颜值吃饭的她,却偏偏要靠能力吃饭;明明可以当养尊处优的"金丝雀",却要当栉风沐雨的"鲲鹏",一个自我意识觉醒甚早的女人,在这个男权社会里注定要受更多的苦。

作为一个女人，汉英是精彩的，她敢爱敢恨，拿得起放得下。作为一个商人，她是成功的，因为她能看清自己的方向在哪里，并努力前行。目前，"华尔街中文"独创的"商业＋中文"的模式在曼哈顿是少有的，为此，美国很多中文媒体和中国中央电视台都采访过她，她本人亦被纽约市政府聘为讲师，给中小企业主授课。

去国二十年，她的"中国心"依然蓬勃跳动，"我在有生之年能看到中国的腾飞，真的特别高兴，特别期待回国看看，接接地气。"说起故乡武汉的热干面、莲藕汤，她双眼放光。东湖夏夜盛开的荷花、汉正街活泼泼的市井生活、武汉大学满园的樱花……这些武汉生活的点点滴滴，曾是她童年和青春时代的生活印记，如今却已遥不可及。

巧的是，她小时候生长的地方，和我当年就读的大学仅三站之遥。当年，我们也许挤过同一辆公交车，赏过同一池荷，吃过同一家店的热干面，但是无缘认识，二十年后却在美国相遇。这个人生机缘让我倍感亲切。

对于将来是留在美国还是回中国发展，汉英说她不做任何设想，一切顺其自然。以前的她，在职场打拼，凡事但求"有为"，现在却了悟"无为而无所不为"的智慧，其中的转变，也许源于《道德经》的熏染。

飘风不终朝，骤雨不终日。天地尚不能久，而况于人乎？故而，人生进退不必过多纠结，一切顺应天意好了。在华尔街这个名利场，聪明的汉英选择传播《道德经》，宛如一个人在热浪袭人的夏天卖冰啤，如此清凉，如此愉悦。

Lily Yip

把美国乒乓球带上巅峰

履历：1963年出生于中国广州，1978年进入广东省女子乒乓球队，曾获广东省女子冠军、全国女双铜牌。1987年随夫赴美，参加了新泽西乒乓球俱乐部的建设发展和教学工作。目前独立经营『LYTTC国家乒乓球学院』。先后四次被评选为全美杰出乒乓球教练，现任美国乒协青年队领队和教练。20多年来培养了很多世界级运动员和全美冠军。2004年，入选美国乒乓球名人录。2005年，当选美国国家乒乓球学院乒协副主席，是首位在该组织担任高职的华裔女性。一对儿女皆获过全美青少年冠军和全美大学生冠军，代表美国大学生队参加世界大学生比赛。其夫曾获30岁、40岁、50岁年龄组全美单打冠军，全家被誉为『美国第一乒乓家庭』。

采访时间：2015年10月7日

采访地点：新泽西市Dunellen，『LYTTC美国国家乒乓球学院』

（一）出国时球拍都没带

◇ "因为美国参加奥运项目的几百个选手中，只有乒乓球项目是中国人。作为少数族裔，能够代表美国参加比赛，真是觉得挺光荣的。"

来美国之前，我本来在广东省女子乒乓球队打球，成绩还不错，得过广州市和广东省女子冠军、全国女双铜牌，还是女队队长、团支部书记，又红又专的，是领导重点培养对象。我高中毕业就被挑进广东队，打了8年球，当时还有薪水，可以养活家人。一开始是每个月50元，后来我得全国大奖后，升到运动健将级别（仅次于世界冠军），每个月可以拿99元，这笔钱在当时还是不小的数

Lily和种子选手

目。(笑)

打球很辛苦,完全是魔鬼式训练,一般每天打6到8个小时,有些人甚至打10个小时。有时中午别人午睡时,我还去练一小时发球。辛苦是辛苦,但还是觉得挺充实的,因为不同阶段总有不同的目标。那时我总是拼命往下一个目标冲刺,比如得了省里的冠军就要冲全国的,得了全国的铜牌,就要想着去冲世界冠军,真的是傻乎乎打了8年球。(笑)

打到23岁时,我的身体有点吃不消了,腰有点疼。而且当时看到很多同行打球打到半途就放弃了,他们上又上不去,下来又不甘心。我似乎一下子看到了自己的未来,觉得没啥盼头。你知道我们体育是举国体制,国家投钱,运动员退役后国家负责分配工作。我的一些队友就分到了银行、公安等单位,当时很多人觉得他们是失败者,是被淘汰下来的,但现在看来未必如此,他们有的在单位里发展得很好，是佼佼者，加上有打球的特长，经常陪领导打球，或者代表单位参加各种比赛，挺受领导青睐的，发展得不错。所以我有时开玩笑，也许越早被淘汰越好。（笑）

1984年，我参加高考，考上了广州体育学院函授班，班上全是世界冠军，比如举重冠军陈伟强等。周末上课，因为世界冠军都有专车接送，所以我沾了不少光，经常蹭他们的车。学的是体育心理学、解剖学等，三年下来，还学了不少东西。

23岁那年，我认识了一个华侨。他是一个象棋手，经常从纽约回到中国参加比赛，业余时间喜欢打乒乓球。因为共同的爱好，我们走到一起了。1987年，我学校刚毕业，就向队里提出要结婚和出国，领导大跌眼镜。因为我是主力，又是队长、团支部书记，领导觉得我辜负了国家的培养，所以不想放我走。我先生只好在国内等了半年，直到结婚申请被批准了才走。

我是广东女队第一个出国的，我出去后，好像打开了一个缺口，后面的师妹接二连三出国了，有的去加拿大，有的去澳洲，估计队领导要怪我开了个不好的头。（笑）

我到美国时，连球拍都没带。当时真的不想打球了，只想过相夫教子的安静生活，心里挺喜悦的。1988年，儿子出生了，一年半后，女儿也出生了。但遗憾的是，我和先生由于性格不合，1991年和平分手了。双方都有抚养权，但孩子跟我。

分手后，当了四年家庭主妇的我必须要考虑出来做事，支撑这个家，于是便想着做老本行——打乒乓球。连续三个月，我天天跑步、练球，进行各种体能训练，很快身体就恢复了。1991年第一次参加了美国锦标赛，获得女子单打季军，第一次代表美国参加在日本举行的世界锦标赛,心就红了,继续坚持训练,连续两次获得北美奥运会选拔赛第一,代表美国乒乓球队参加了1992年西班牙巴塞罗那奥运会和1996年在美国本土举行的亚特兰大奥运会,受到老布什总统和克林顿总统的接见。奥运会开幕时,我站在台上,自豪感油然而生。因为美国参加奥运体育项目的几百个选手中,只有乒乓球项目是中国人。作为少数族裔,能够代表美国参加比赛,真是觉得挺光荣的。

把乒乓球重新捡起来的感觉是,自己born again(重生)了。

从1991年到2006年,我连续十五年代表美国国家队参加了7届锦标赛,战胜多位世界级的欧洲选手,世界排名第57名。期间,还连续三届参加了泛美运动会,为美国赢得女团和女双金牌、女单银牌。因为在乒乓球方面的突出成绩,2005年,我高票当选了美国乒协副主席,任期四年,成为首位在美国乒协担任高职的华裔女性。1994年、2010年、2013年和2014年,我获得了美国乒协颁发的"全美最杰出国家级乒乓球教练"称号。2004年,我很荣幸地入选了美国乒乓球历史"名人录"。2011年,我与美国国家乒乓球代表团成员出席了在北京人民大会堂举行的"中美乒乓建交40周年庆典",受到习近平主席和当时在中国访问的美国前总统卡特夫妇的接见。

后来我一边打球,一边想着是否可以教乒乓球,把自己的技术传给别人。1992年,我在新泽西西田市的NJTTC(新泽西乒乓球俱乐部)打球,当时这是新泽西唯一一家乒乓球俱乐部,因为乒乓球在美国不普及,所以俱乐部人气不旺。大家来只是娱乐,交点会员费,找人打打球。当时有个中国家长看我球打得好,问我是否可以教小孩。我答应了。一开始是一个孩子，一小时三四十美元，后来靠着口碑，孩子慢慢多起来了。就这样，俱乐部的人气慢慢旺起来了。

最幸运的是，在那里，我认识了我现在的先生。他本来是做电脑软件编程的，因为很喜欢打乒乓球，就到这家俱乐部任常务经理，和同样喜欢乒乓球的导师一起经营俱乐部。我加入之后，花费了自己所有的时间、精力和财力来支撑、维持和扩大俱乐部。

当时我的生活节奏很紧张，上午跑步、训练，下午接孩子回家，带他们去俱乐部。我教别的孩子，他们就在一旁做功课。时间长了，他们也喜欢上了乒乓球。儿子本来是学棒球的，最后干脆主攻乒乓球了。我每天花一个小时教孩子，几个月后，我带孩子和学生参加类似奥运会模式的 AAU Junior Olympic 比赛（现在取消了），儿子和女儿分别拿了金牌和铜牌，学生成绩也不错。朋友就说，你自己可以打球，又能教球，多好的工作，应该坚持。于是，学球的孩子从十几个滚动到二十几个。先生说可以搞夏令营，请别人来帮忙，于是后来就越搞越大了。

2010 年 12 月，我与先生在新泽西 Dunellen 市成立了"LYTTC国际乒乓球学院"。目前它是美国东部唯一荣获国际乒联和美国乒协认可的热点训练基地，也是全美唯一一所与中国河北正定乒乓球训练基地和广东华南理工大学乒乓球训练基地合作的训练中心。一共有两层楼，24 张标准球台，场地面积一万五千尺，所有的设施设备都是参照国际标准的。

我先生的父母对俱乐部进行了投资，支持我们的事业。如果没有他们的帮助，我每个月的开销非常大，靠俱乐部的收入是很难维持下去的,所以我很感谢他们,觉得自己挺幸运的。

(二)"美国乒乓球第一家庭"

◇ "在美国,运动只是一种业余爱好,运动员本身都有自己的日常工作。你打球更多的是出于个人兴趣,没有人会把国家荣誉什么的强加给你,所以可以轻松发挥。"

美国在 2005 年之前,乒乓球项目没有正式的青少年队,也没有系统的训练。从 2005 年开始,我作为美国青少年队的领队和教练,从奥委会和美国乒协得到了一些资金,开始带队员到全世界打比赛。所以我先生老说我的工作是 creative(创造性的)。

作为从中国出来的运动员,我知道中国那套训练体系还是管用的,它会让队员的基本功取扎实,所以就带美国队去中国河北正定乒乓球训练基地训练。因为去了以后成绩有明显提高,所以美国乒协继续出钱支持我们。队员到了中国后,看到中国教练魔鬼式的训练,对动作不到位的队员踢屁股、打脸、骂粗话,惊呆了,觉得不可思议,很受冲击。幸亏我是从中国来的,知道如何处理。(笑)

这些年,我培养了很多世界级运动员和全国冠军。我的学生获过 18 岁、16 岁、14 岁、12 岁、10 岁、8 岁全美冠军,美国 AAU 奥林匹克单双打冠军等。2012 年,队员获得美国公开赛女子团体冠军;2013 年,获得国际乒联巡回赛中国长春站女双前八名的好成绩。他们中的数十位,进入了哈佛、普林斯顿、哥伦比亚等常青藤大学。

这些冠军基本是每五年一代。很可惜的是，一到高中，因为学业紧张，这些孩子基本就不打了。从他们个人角度来说，我很理解，但从运动的角度来说，实在是太可惜了。一个运动员刚刚培养出来，技术到了高峰期，就要放弃了。

我儿子毕业于普林斯顿大学，他是连续四届的美国国家队队员，多次获得美国少年冠军，还代表美国参加过三届世界锦标赛，NBA电视台还采访过他。我女儿多次获得美国少年冠军，全美大学生女子单打冠军，代表美国参加过三届世界锦标赛。她大学毕业后，愿意帮我们经营俱乐部，现在她是总经理，我们付给她薪水。我老公也是乒乓球高手，曾经得过30岁、40岁、50岁年龄段全美单打冠军，所以我们一家就被人称为"美国乒乓球第一家庭"。（笑）

目前来我这里学球的孩子，百分七八十都是华裔，印度次之，之后是东欧。可能因为乒乓球是中国的国球，所以大多数华裔父母都有这个情结，就把孩子送到这里来了。但是你知道，美国的主流球类是足球、棒球、橄榄球，乒乓球在美国不是主流球类，所以美国本国的企业和个人不会投资，只有那些有中国、印度背景的人才会一些投资。这点和中国有很大不同。中国的体育是举国体制，政府投钱，企业也愿意赞助，有的运动员年薪高达百万。我在国内打球时，健力宝公司赞助我们，汽水免费喝。我们每次打完球后，就拼命喝汽水。（笑）

但是在美国就不一样了。作为美国青少年队的教练，出去打比赛，如果学生获奖了，会有一点奖金。平时的活动会给我一点车马费，但不多。但我这个人平时不是很在乎钱，我妈老说我是那种

"洗脚忘了擦脚"的人，大大咧咧的。我带这些孩子出去打比赛，一是因为自己真正喜欢，二是出去可以学学新的技术，观察乒乓球界的动态和趋势，从而认识更多的朋友，把好的人才引进美国。

在我看来，美国的乒乓球水平是男队中下，女队中上，还是打不过中国队，遇到中国队只能拼命打。（笑）因为中国是举国体制，从全国挑选最好的苗子进行专门训练，所以他们水平高是很正常的。但美国不是这样，运动只是一种业余爱好，运动员本身都有自己的日常工作。在中国打球，人太多，竞争力太强，压力很大，因为你不行的话，就换人上，反正人多的是。但是在美国就不一样了，打球更多是出于个人兴趣，没有人把国家荣誉什么的强加给你，所以可以轻松发挥，中国学的东西在这里大有用武之地。必须承认，中国训练出来的运动员基本功真的很扎实。比如我十几年不练，但一旦拿起球拍，那种感觉立刻就回来了。

特别有意思的是，我们一家人都因乒乓球结缘，乒乓球也成了我们一家人的福星。我和先生是因为乒乓球认识的。我儿子和他的未婚妻，两人都从小就喜欢打乒乓球，大学期间，各自代表美国、新西兰队参加世界乒乓球锦标赛和世界大学生运动会，由此认识和相爱的。我的女儿因为打球认识了现在的未婚夫，他是网球专业教练，乒乓球只是他的业余爱好，但他打得很好，2013年获得男子单打亚军。他们也将在11月8号举行婚礼。前几天我和先生商量了一下，开了一张一万元的支票给他们，算是祝贺。女婿是美国人，性格直接，一听乐坏了，连说"Good! Good!"你看，别人嫁女儿是要收彩礼的，我却倒贴钱，是不是有点亏啊？我这个女婿呀，他可是财色兼收了！（哈哈大笑）

开乒乓球俱乐部，想赚钱是不容易的。因为它对本土人没有吸引力，很难商业化。我们做了二十多年，也仅仅做到温饱不愁，生活安定。但因为这是我们真正喜欢做的事情，所以很开心。你看很多人光为钱奔波，挺辛苦的，我不想过那样的生活。我从7岁起就开始打球，打了40多年，一摸球，那种感觉就来了。我是在做自己擅长的事情，有满足感，干别的估计很难找到这种感觉。

25年前我认识先生时，新州只有一家乒乓球俱乐部，现在已经有五家了，其中四家和我有关系，有的是队友开的，有的是以前的学生或者陪练开的。有时我开玩笑，我现在是"四面楚歌"啦，但先生很大度，说，It's good for sports!（这对运动有好处）（笑）可以说，这些年，我们确实推动了乒乓球在美国的发展，这也算是一种文化传播吧。

平时训练，我努力在严格和开心之间找到平衡。很多父母把孩子送到我这里来，是想让孩子脱离游戏机，或者是减肥。他们大部分都是华裔，比美国家庭宠孩子，所以我不敢对他们太严，否则他们会退课。大人希望孩子既学得开心，又有进步，所以严也不行，宽也不行，只能在二者间找平衡，尽量做到松紧结合。

我教孩子时，一般是严中带松，让他们既高兴，又能学到东西。我经常说，中国有句老话叫"严师出高徒"，我对你们严点，你们可能会反感，但是时间长了，你们就会看到自己的进步……他们一开始不懂，后来慢慢有点懂了，也就比较接受我的教学方式了。

我们现在是美国东部最大的乒乓球俱乐部，是美国乒协指定的国家队训练基地。我们准备将它打造成北美一流的乒乓球俱乐部，但又不想太商业化，希望有个好的气氛和环境，像个大家庭，大家都开心。我是国家级教练,但教球每小时才60美元,有时甚至50元都教,20多年不变。成人的年费是375美元,全家的年卡是600元,天天都可以来打,球免费用,球拍可以租,但很多时候我对会员也不收钱。每周三晚上八点到九点,是家庭日,我们全家免费教球,你可以在这里看到我们全家四个人,一人一个台子,很有意思!

我不想把俱乐部弄得太商业化,那不合乎我的性格,而且氛围会很紧张。两百多会员来这里都是为了开心,而不是别的。对于那些学球的孩子,我希望能激发他们的兴趣,同时也不要给家长太大的经济压力。我凭着良心去做事,最重要的是让大家都开心。

虽然目前我做的是 labor of love (出于爱的劳动),无人看好,但我们并不理会别人的想法,坚持自己的原则,当成一项事业去做。我先生原来是学电脑软件编程的,收入很可观,但他却放弃了自己的固定工作,帮我经营俱乐部。有时我觉得有点委屈他,但他并不在意,说,身体好最重要。有时坐下来,他会说,Lily Yip,你现在要什么有什么,房子、球馆、儿女、幸福的家,所以你一定要开心!我现在真的很知足,很开心,每天都活在感恩中。(笑)

二十多年前,美国乒乓球俱乐部很少,乒乓球不普及,而且俱乐部的目的不在牟利,在于娱乐。经过二十多年的推动,现在有了一些变化,乒乓球比以前普及了,水平也提高了,但更商业化了,一些俱乐部开始牟利了。人与人之间,特别是年轻一代,竞争意识更强了,这对运动本身是好的,但可能对人与人之间的关系不太好。

曾经有个美国人说我是 legend (传奇),因为乒乓球本来是项不能牟利的运动,但我把它变成了可以维持生存的一项技能。而且把中国的国球在美国推广,也算是为中美文化传播做了一点事情。虽然学球的孩子多是中国面孔,但他们毕竟多数是在美国出生的,是美国人。那些孩子整大说,l am American(我是美国人),我就告诉他们,你们是美国人,但别忘了你们的爸妈是中国人!(笑)

(三) 从未后悔自己走过的路

◇ "美国人普遍有信仰,《圣经》几乎是每个人的教科书,所以他们行事为人都有底线,会为别人考虑。"

时间过得真快,转眼来美国28年了。在美国,我终于相信,世界上真的有好人。当年我和前夫分手,带着两个孩子,但我现在的先生并不嫌弃,反而高兴地说:Good packge! 现在,儿子27岁,女儿26岁,一家人天天可以见面,开开心心的,真是感觉特别幸福!

我儿子毕业于普林斯顿大学,现在做金融投资,收入不错。他常说赚了钱要给我买辆新车,但我不要。我说,你上大学时拿的是助学金,以后挣到钱要回报学校,人活在这个世界,一定要知恩图报,他也很认同。

在对孩子的教育上,我觉得中美两国有很大差别。一些中国父母过分宠爱自己的孩子,孩子要钱就给,有的富家子弟花钱更是没边,但没有让他们负什么责任,这样培养出来的孩子可能会缺少责任感。但美国就不一样,美国教育孩子要奉献社会,帮助别人,要求孩子上大学前要做够52个小时的义工。我认识的一个老美是"富二代",他每天穿着很随意的牛仔裤,到我这里来教球、做义工,前后坚持了25年。有时还给我捐个冰箱、吸尘器什么的,女儿结婚时,他还送了贵重礼物。每年圣诞节,他会买很多礼物,匿名送给穷人社区和穷人家庭。他的父母很有钱,但不是由他挥霍,而是设一个基金,让别人管理,每个月固定给他多少钱。

特别有意思的是,因为来我这里学球的中美两国的孩子都有,所以我有机会看到他们之间的差异。我们小时候经常说培养共产主义接班人,但是现在看来,美国的"共产主义接班人"似乎更多一些,因为他们更乐意无私奉献。在我们俱乐部,美国孩子看到有什么活,就会主动问"需要帮忙吗",然后帮我们洗尘、扫地、搬东西,这给中国孩子起到了身教的榜样作用。每个刚到美国的人都感觉美国人素质比较高,这可能和他们从小承担家务有一定关系。美国孩子从小就要做些力能所及的家务,长大了就养成习惯了。他们素质相对高,是由于每天点点滴滴的培养。

我个人觉得,对孩子不能宠爱,要严加管教。我女儿和儿子小时候,我对他们教育很严格。儿子大学毕业后,还回来义务教球,我给他钱,他没要。其实我们做父母的离开这个世界后,什么都是孩子的,但现在不能给他太多,用我先生的话说是,要让他们学会等待。

我父亲曾经是广州市收容所所长,小时候我老跟着他,看他怎么帮助那些穷人,所以从小我就觉得,人活在世上应该尽量去帮助别人,这样活着会更有价值。我希望俱乐部每年都能输入新鲜血液，所以努力从世界各国引进很多人才。他们要办签证的，我就给他们写邀请信，希望他们能够通过乒乓球这个平台，实现美国梦。能够帮助别人，我挺开心的。当然也会碰到一些不理解的人，但我并不在意，我老说那句话：God is watching!（人在做，天在看），做事问心无愧就好了。

我现在很幸福，很满足，每天都活在感恩中。从中国到美国，从放弃乒乓球到重新捡起来，每个转折似乎都得到了神的祝福，每天生活的点点滴滴都有见证，自己的体会是，人很渺小，不能决定什么，做事只能尽力而为，顺从天意。

去年8月，我带队参加世界青年奥运会，在女单比赛中，美国选手张安过五关斩六将，赢了日本选手，得了铜牌。当时女单比赛很紧张，中间有两分钟场外指导时间，我突然觉得是神在对我说话：日本队员右边很弱，攻她右边就行了。我就这样告诉了队员。她上场后，猛攻对方右侧，最后赢了。就是这么奇妙！同年12月，我再次带队参加上海举行的世界青年团体赛，美国队居然打败了韩国队，获得铜牌。两个铜牌是美国乒乓球史上60年从来没有的，也算是创造了历史。

我经常提醒自己，我们每个人都不完美，所以必须学会谦卑。我的俱乐部是以我个人名字命名的，我老觉得那样不够谦卑，想改名叫"Ping Pong Paradise"（乒乓球乐园），但是先生和俱乐部理事不赞同，只能等以后再说了。

我喜欢美国的一点是，美国人普遍有信仰，《圣经》几乎是每个人的教科书，所以他们行事为人都有底线，会为别人考虑。当年9.11事件发生时，楼上的人都是一个个有序地下楼，几乎没有人乱

Lily和学生

挤。面对死亡时，他们依然能如此井然有序，这点很震撼我。如果没有个人信仰，没有平时的习惯培养，他们是不可能做到这样的。在美国开车，你要在路上遇到什么事情，陌生人都愿意帮助你。比如你迷路了，他们会把你带到高速路入口再离开。

美国人确实很有爱心，但因为美国是个金钱社会，所以美国人在钱上比较"抠门"，不会轻易为别人掏钱，拉到赞助比较困难。

我还喜欢美国的一点是它提倡个人奋斗。共和党是提倡个人奋斗和自由市场的，所以我比较支持共和党，但是民主党的帮助弱势群体的政策，我也很欣赏。美国作为全世界最大的移民国家，太自由了，而且对弱势群体太好了，所以难免有人利用这个钻空子。我认识的一些装修工人本身没有身份，儿女在美国出生后，他们去申请救济，政府也一样给。我还有个朋友，十年前是以旅游签证身份留下来生孩子的，生孩子都是免费的。十年后她重返美国，政府还给她发救济金、食品券。

我刚来美国时，就觉得这里真是上帝给美国人的一块福地，蓝天白云，资源丰富，不同宗教信仰的人都能在这里立足。我参观了自由女神像、帝国大厦、世贸中心、白宫，觉得美国真是伟大。但当时自己英文不好，又是少数族裔，心里多少还是有点自卑。现在回头看，是因为自己当时太封闭造成的，一旦把自己打开后，发现和周围的人交流得很好。再后来，见的世面多了，接触的人多了，明白的道理多了，自己就越来越自信了。我一直希望自己能够不断修行，同时创造一个很好的环境，去影响其他人。

回头想想，如果当年没有出国，我现在可能在国内当个教练，过几年又有一个高手出现，顶替我的位置……人生真的很难假设。我曾经看过一篇报道，澳大利亚一个游泳世界冠军，退役后没有收入，只能靠领救济度日。太可惜了，英雄没有用武之地！我不知道自己在国内最后会怎样，但有一点可以肯定的是，我不可能有这么丰富的人生经历。

一转眼，我来美国28年了，酸甜苦辣都尝过，但我从来没有后悔自己走过的路。

访谈手记：

采访Lily Yip那天，平时性格温顺的车突然发脾气了——导航"罢工"了。鼓捣了半个小时仍无动静，我只好给她打电话：抱歉，我可能要迟到半个小时。电话那头的她，连说：没关系，没关系，还细心地告诉我路线和出口。真是让人暖心！

其实，采访 Lily Yip 实在有点冒昧。前年春天，先生所在的公司参加中资企业的乒乓球比赛，比赛地点就是 Lily Yip 的乒乓球俱乐部，我作为家属前去助威。一进门，只见一个个子高大、梳着齐耳短发的女士在和一个老外用流利的英文说着什么。比赛结束时，她带着几个队员上来了，说要和中资企业的选手切磋一下。其中一个就是之前在楼下见到的那个老外，他一上来就砍瓜切菜般，把中方人员打得落花流水。后来才知道，他是 2013 年全美亚军，也是 Lily Yip 的乘龙快婿——Cory Eider，而他的教练，就是那个和他聊天的女士，Lily Yip。

此后，在新泽西诸多的中文报刊中，经常看到关于 Lily Yip 的新闻。短发萧骚的她，总是站在得奖学生的背后微笑着，随和、低调。我这才知道她原来是新州华人中的名人，于是，毫不费劲地记住了"Lily Yip"这个名字。凭着一个新闻人先天的敏感，我知道她肯定是个有故事的人，因为能把本来不是美国运动主流的乒乓球发旺成今天这个样子，非常人所能至。

今年春天，仍是先生带队参加乒乓球比赛。这时，我已经开始写作移民访谈录一书了，于是，我便想着联系采访 Lily Yip。当我在楼下找到她时，她手上打着绷带，但脸上依然是爽朗的笑容。听了我的采访意图，她居然很痛快地答应了。这让我着实感动！

之后因为度假、回国，所以采访延宕了三个月。一周前，当我有点忐忑地和她在微信里沟通时，她依然那么爽快：欢迎你来！

采访是在俱乐部进行的。当我好不容易弄好导航、开了一小时的车到那里时，Lily Yip 已经等了近一个小时。我颇觉不安，连连道歉。她笑着说：没事，我刚好有时间给地板吸吸尘。她总是这样，春风化雨，让别人在她面前可以完全释然，毫无负担。

三个半小时的采访，实在不足以道尽她跌宕起伏的人生。她的每个抉择，在旁人看来都是惊心动魄的，于她，却是"谈笑间，樯橹灰飞烟灭"。当年，已是广东女队队长的她，却一心随夫出国。那时，她球拍都没带，以为从此可以开始全新的生活。

谁知命运弄人，婚姻很快就解体了。28岁的她，一个正当华年的少妇，带着两个孩子为生活东奔西走，其艰辛可以想见。对于那段日子，她没有半句怨言，只是说，人在做，天在看，遇到困难时不要怕，只要顺从天意就好了。

她的"天意"，就是重新执起乒乓球拍。7岁开始打球，10岁进少年体校，15岁被选进广东省队，一待就是8年。她的人生，早就与乒乓球结下了不解之缘。即便到美国最初四年没摸球拍，但是乒乓球依然是她无法逆转的"天意"。四年没摸过球拍的她，在三个月内迅速恢复了体能，参加了世界比赛并获得殊荣。Lily Yip没有细说当时的情形，但是，其间付出的艰辛，是可以想见的。

Lily Yip说，当年她个子高，喜欢跳舞，但是她妈妈执意让她去打球。妈妈当时肯定没有想到，女儿日后会在异国大放异彩，把美国的乒乓球带上巅峰。20多年来，她带出了很多世界级运动员和全美冠军，而美国国家队80%的队员都是本土出生的中国人。

小小乒乓球，转动大世界。当年，"乒乓外交"为中美关系破冰。如今，作为"庄则栋二代"的Lily Yip正继续把中国国球发扬光大，成为新一代的中美两国的文化使者，这让她在美国社会赢得普遍的尊敬。

10月18日至21日，北美青少年队将在Lily Yip的俱乐部进行强化集训，然后奔赴埃及参加世界青少年挑战赛。11月9日至

14日，美国国家女队也要来此集训，Lily Yip作为美国队教练将带队参加在法国举行的世界青年锦标赛……

  Lily Yip又要忙得不可开交了，但她累并快乐着，脸上依然漾着灿烂的笑容。因为乒乓球于她，于她全家，已经是生命中最难割舍的一部分，最美好的祝福了。

王小萍
人生从 50 岁开始

履历：出生于 1958 年，大专学历，1983 年起在山东淄博职业教育系统任教。2007 年底赴美。先后从事过保姆、校工等职业，目前为中文家庭教师。

采访时间：2015 年 4 月 24 日，5 月 1 日，5 月 8 日

采访地点：新泽西州西考克斯市哈蒙湾公寓

（一）50 岁赴美，一切从零开始

◇ "到美国后，我才知道我想要的生活是什么，那就是——自由！"

我来美国完全是因为儿子的缘故，之前我没想过自己有一天会真的来到美国并在这里定居。

2007 年，儿子到美国读研究生，我过来看他。没想到一到美国，看了曼哈顿的地图就喜欢上这里了。纽约，这个世界最繁华的大城市竟然有那么多的绿地公园、艺术馆博物馆、著名大学和剧院。走在曼哈顿的大街上，闻着阵阵咖啡飘香，我想：这不就是我多年追求的小资生活吗？中东的许多巨富特意坐飞机来看百老汇剧

2015年,王小萍在美国新泽西和学生一起

目,我一个普通人为什么不能留下来享受同等待遇呢?这里不但有人们常说的空气好、食品健康等好处,而且到处都有热水、手纸和街椅,生活很方便,这对一个普通女人来说很有吸引力。

而且,我当时想留下来还有一个私人原因:我个子不高,皮肤不白,按照国内人的审美观,白皮肤、大眼睛、高个子的女人才是漂亮的。可是在美国,韩国人的眼睛比我还小,墨西哥人的个子比我还矮,皮肤比我黑的到处都是,在这儿不用攀比,心里很轻松。

我的生活经历一直不太顺利,很小的时候,妈妈就被打成右派,关进疯人院后自杀了。爸爸娶了后妈,我的日子不好过,所以从小养成了独立自主的性格,特别有主见,肯吃苦,但是性子比较急。姥姥为了磨练我的性格,让我学女红,针线活里的各种针法我基本都会,尤其是绣花。我结婚时的嫁妆都是自己绣的,现在还记得怎么做中式盘扣呢。(笑)我姥爷是溥仪时代科举考试的最后一名探花,得到政府补助后去日本早稻田大学读矿业专业,归国后在青岛大学任教,是华光陶瓷前身的创始人之一。姥姥经常教育我要怎么做人做事,希望我将来像姥爷那样出国留学。当时我的姓氏都被改了两次,我觉得自己像是一棵被人丢弃的小草,出国留学只是一句梦话。

由于我的家庭背景不好,此后的求学、工作和婚姻都遇到了很多波折。当时我择偶的条件是:找个家庭穷的,长得丑的。后来我结婚成家了,婚姻生活可想而知。虽然丈夫在小城有一官半职,也算是人上人,但我总觉得那不是我想要的生活。

到美国后,我才知道我想要的生活是什么,那就是——自由!可是,留在这里生活谈何容易啊,所以我就琢磨着出去找份工作。

以前我经常带学生去各种类型的公司实习,跟着学生一起学习专业技术。比如烹饪专业的学生切土豆丝,我也跟着切,所以我的刀功很不错。纺织专业我也很熟悉,买纺织品时用手一摸就知道什么原料什么工艺。一开始我觉得自己有很多技能,找份工作应该不难。可没想到因为我不会英文,只有两种工作可选择:一是做指甲,我眼神不好,不可能去做。二是做按摩,据说这一行挣钱很多,当时我们家的确需要钱供儿子读书,但干这一行内心会有挣扎。当时有一点我想得很明白:努力了大半辈子,到美国来绝对不只是为了挣钱。纵然挣钱的门道很多,猫有猫道狗有狗道,可我的道只有一切从零开始,首先比较可行的是给中国人家当保姆。

我的第一份工作是给一个中国医生家庭看孩子。当时他的孩子在学钢琴,琴上有节拍器,但他把节拍器拆下来,让我用手打节拍。他在楼上工作，居然侧耳听儿子弹琴，只要孩子节奏不对，就冲下来质问我：你没听见他弹快了吗？我实在受不了这种像贼一样被监视的工作，干了一个月就向女主人辞工，并要求他们给我工钱。当我说儿子买二手车需要钱时，女主人正在切菜，她把菜刀"啪"地一放，回头指着我说：我就不相信你家就指望我这两千块钱生活！后来他们找各种借口，拖了很久还是不给钱。当时我有个朋友，是从加拿大偷渡来美国的，社会经验很丰富，听我诉说后立马拨通了那个医生的电话，一字一顿地说出了孩子的姓名，然后说："我是王小萍的朋友，今天我们大家都休息，想去看看你的儿子，我的持枪号码是……"对方听了吓得不行，马上把钱寄给我了。（大笑）

辞了那份工作以后，我又到一个中美联姻家庭当家庭教师。那个孩子才一岁，她爸爸是美国牙科医生，妈妈是中国人，但生孩子时死了。他们家很富有，据说是香港制表业的首富。孩子的姥姥和爸爸亲自到法拉盛面试了很多人，但都不入他们的眼。我不知天高地厚地去了，没想到被他们挑中了。他们每天给我两小时的读书时间，学习育儿心理学。天天让我给孩子写成长记录，吃了什么做了什么，说的第一句中文等等，还买了一个手机让我给孩子录像。

我以前考过音乐学院，所以懂些乐理知识，于是每天就教孩子唱歌，带她去上音乐课。他们家是一幢豪宅，建在山坡上，我每天让孩子从上面滚下来，锻炼她的胆量。在国内即便是保姆，主人对她们还是比较平等的，但是这户人家是从南洋移民过来的，还保留着中国最传统的东西，等级观念很严重。我和其他三个佣人一样，不可以和主人一起吃饭，不能穿自己的衣服。心理上受到很大冲击：

我在国内过得挺有尊严的，弄半天到美国来倒成了一个下等人了！

虽然心理上接受不了，但还是告诉自己：自己英文不好，目前也做不了其他工作，一定要面对现实。三个佣人中有个中国厨娘很嫉妒我，如果我教孩子晚点出来吃饭，她就把饭菜收起来，让我饿肚子。虽然环境不太好，但我还是咬牙坚持了几个月，最后还是决定离开。他们打电话让我回去，被我婉拒了。当时儿子住在纽约长岛，这家人住在上州，休息日回儿子家，来回一趟要四五个小时，如果赶上冬天下雪，需要六七个小时，太辛苦了。

后来我做过校工，帮人卖过衣服等，选来选去，老是找不到自己满意的工作。仔细寻思，觉得这都是因为自己英语不好的缘故。于是便想，不能再这样下去了，应该马上学英文，所谓"磨刀不误砍柴工"，然后找一份英文环境的工作。2009年春天，我在法拉盛报了成龙语言学校，开始苦学英文，一直坚持到现在。

（二）我的波兰学生 Leon

◇ "我想坏了，我走不了了，从家教做成了中国奶奶，如果长寿说不定还要做他的人生导师呢。"

我现在的工作是教一个波兰男孩中文，算是一个家庭教师。这儿的家庭教师和国内的家教不一样，很多家庭教师都要和孩子同吃同住。在富人家，不但是教授课程，还要训练文化礼仪、行为举止等,所以在曼哈顿工作的家庭教师年薪很高。我没有那么幸运,只是工作在一个普通人家。

找到这份工作的过程,还颇有点意思。我刚来美国时,参加儿子学校的 party,当时很多学生和家长都去了,每个人都要介绍自己。轮到我了,我站起来说自己来自中国山东,当过很多年语文老师。Party 结束时,有个女人走过来,说是纽约长岛学校的老师,问我是否有兴趣去教中文。当时我是旅游签证,不可以工作,不过离开时我还是给她留了电话号码。过了一段时间,有个陌生女人给我打电话,说是那个老师的朋友,然后我们简单聊了几句,因为不知道她是谁,所以就挂了电话。随后,长岛学校的那个老师电话打来了,说刚才那个女人想给我推荐一份教中文的工作,所以想听听我的口音,看我合不合适,但她一听我有山东口音,觉得不行。我听了心里犯怵:妈呀,敢情刚才是电话面试呢!我当时特别想工作,就问可以再试试吗?她说不行。我告诉她,我来美国之前,普通话考了最高等级,而且年轻时还考过山东电视台播音员,成绩很不错,但因为大了半岁,所以没被录取,后来还做过当地的播音员,还带来了当年考播音员的录音带呢。我提出,能再给我一次面试的机会吗?那个朋友说,你怎么不早点告诉我呀?她再次把我推荐给那个试听我口音的人。

那女人姓吴,在一个富商家里当中文家教,来美国之前是天津艺术学院的语言教授。这个富商的公司和中国有很多业务合作,所以他要求手下员工的家里尽量有讲中文的人。我后来的学生,波兰小孩 Leon 的爸爸就是富商手下的员工,吴老师就把我推荐给了他,Leon 的爸妈决定面试我。

记得那是 2008 年冬天，雪下得很大，我还有点感冒。为了让自己看起来更像个家庭教师，我特地穿了一条十八世纪欧式风格的拖地长裙，蓝底碎花，腰身很高，下摆很长。我进门时，Leon 坐在桌子下面，他当时还不到一岁，爸妈叫他，他就是不出来。我叫了一声他的名字，他回头看了我一眼。就那一眼，我就喜欢上这个孩子了。他胖乎乎的，头发黄黄的，卷卷的，眼睛蓝蓝的，很漂亮。他看着我，笑了，看上去性格很温和。

我用中文讲"出来吧"，他听不懂。我就开始唱：春天在哪里呀，春天在哪里，春天就在小 Leon 的眼睛里。奇怪的是，他听着听着，居然就爬出来了。他爸妈觉得我又能唱又能跳，对孩子也很有耐心，所以决定让我留下来。他爸爸说：我希望你把 Leon 教成像中国小孩一样，将来我们去北京，别人听不出他是美国孩子。就这样，我揽下了这份既沉重又有趣的活儿。

当时 Leon 还不会发音，我就每天跟他唱歌跳舞、做游戏，比如有时他不喜欢洗手，我就拉着他的手唱："你呀小 Leon，你在哪儿把手弄得这么脏？黑色的手掌好像晒过一样。"然后我再学着孩子委屈的腔调唱："我在太阳底下躺，我让手掌晒太阳，所以嘛，它就晒黑了。"然后拉着他跑到卫生间洗手。

他妈妈平时不上班，就在家这么看着我们玩，他们特别重视对孩子的教育，想尽快出成效。我就买了一套一百多元的带卡片的点读笔。我拿笔触字，让孩子听几遍，然后用手盖住图片，再让他用手指认那个字，然后我再不停地一边重复，一边让他从两边反复看我舌头的位置。到他一岁半会讲话时，已经认识两三百个汉字了。

有意思的是，Leon 第一个会说的字竟然是我的名字"Ping"。

有一天，他想荡秋千，我像平时一样提条件，让他叫我的名字。他可能急着想玩，突然叫了一声：Ping！我惊喜万分，让他再大声叫一次，这次他叫得又高又长。我们赶紧回去演示给他妈妈看，他妈妈惊喜得眼泪都笑出来了。

教小孩子学习不可能让他坐着听你讲，只能在玩耍中学习。比如我会带着自制卡片到外面玩，然后故意把卡片丢到草地上，他会说：你掉卡片了。我就问：是吗？是哪个字呀？他就很绅士地说：你太不小心了，今天丢的是什么什么……时间长了就换种方法。比如荡秋千时，我把卡片放在胸前，他用脚碰到哪个字时就要读出来，如果读不出来就不再推他。说实在的，为了教好他，我真是费尽心思，我虽然是老师，但对自己的儿子都没这么用心过。（笑）

等Leon认识了大约500个字时，我就开始训练他阅读。我自己掏钱给他买了几本书，训练他的阅读能力。所谓阅读，就是把不认识的字在阅读中顺出来，这些顺出来的字让他多读几遍也就认识了。每次带他出去玩回来后，我就用前几天刚学的字和刚才玩的内容，编个小故事或顺口溜写在黑板上，让他即时读出来。比如我写"我们刚才去了公园，摘了蓝色的花"，他要按照我写的速度读出来。这种故事从一开始的短句慢慢变成了二三百字的短文。有时他读不出来，就待在家里不能出去玩，这样出去玩也变成了学习的动力。就这样，Leon三岁半时，已经认识两三千个字词了。

他家里有个严格的规定：任何人在家里都不准讲英文。他们认为中文和波兰文是世界上最难的两种语言，而英文是最简单的，所以要给孩子创造一个纯粹的语言环境，在家里只能讲中文和波兰语。实践证明他们的想法是完全正确的，孩子在这种环境中进步很快。奇怪的是 Leon 只要在外面与小朋友玩，就会自然地用英文交流，尽管他从来没学过英文。

定规矩很容易，执行起来可不简单。有一次，他在家里的卫生间里用英文要求我帮他，我下意识地去做了那个动作，他妈妈发现后训了 Leon 一顿，并把他关在卫生间里，然后很严肃地对我说："我请你来是教中文，而不是英文。以后再遇到这种事情就说听不懂英文，让他有条件反射，见到你就要讲中文，甚至见到亚洲人的脸就讲中文"。六年半中，这样的事情发生了两次。Leon 在外面只要见到亚洲人的脸就打招呼，可惜多数情况下人家没反应，因为有的不是中国人啊。（笑）

孩子三岁半时开始正式上课，四岁前就认识三千字了。那时一天要上 5 个小时的课，每周大约 25 课时，学得很辛苦。现在放学后学三个半小时，平均每周 10 课时。有时他累得躺在地上，生气地说：小萍，你太狠了！我也躺在地上说：Leon，你学得那么快，都快把我累死了。有时他发脾气，我也大喊大叫，有时他哭，我哭的声音比他还大，他反而过来哄我。

他的中文水平就在边玩边学中慢慢提高了。现在，他的基础阅读和交流基本没有障碍，而且还会背很多唐诗，并理解其中的意境。比如杨万里的"篱落疏疏一径深"，我问他"径"是什么意思，他回答"小路"，挺厉害吧？（笑）Leon 的家里有许多中国元素的摆件，吃饭用的碗很中国，有"福禄寿喜"的大字。我也经常送他们中国结呀红包一类的中国礼物，这些都对他学中文起到潜移默化的作用。

现在除了训练他运用词语造句、看图说话外，主要训练他如何猜生字，如何概括段落大意。现在他对猜生字的方法很熟悉，能用我教的四种方法猜个八九不离十。两年来他坚持练习写汉字，间架结构很漂亮。

平时，他最喜欢听我讲故事了，什么《司马光砸缸》，《孙膑下山》，《孔融让梨》啊，这些中国古代的经典故事把他熏陶得懂事、含蓄、谦让。比如他在家里想去卫生间会直接说我要小便，如在外面就说：要去方便一下。他情商很高，也很善良，记得一次睡午觉前给他唱"听妈妈讲那过去的事情"，唱到那句"又冷又饿跌倒在雪地上"时，他已经泪光闪闪。再往下唱，他就用被子盖住脸，不忍再听了。那时他才两岁啊。（笑）

我还挖空心思地找一些中国朋友的孩子与他一起玩耍，过家家呀，表演故事啊，这样既练习了口语，他的父母也有了中国朋友，这对孩子的将来大有益处。他们还说将来要让孩子找个中国媳妇结婚呢。前两天我儿媳妇也想练中文，就在电话里自我介绍说：我是怡康的老婆。但她把"婆"说成了四声。Leon听了哈哈大笑，并纠正说，这个字是二声不是四声。儿媳妇说：我学的中文只有拼音和声调，不会错的。Leon说：你不学汉字只学拼音有什么用啊？拼音是用来学汉字的。儿媳妇只好表示要向这个7岁的小男孩好好学习。听着两个外国人在谈论如何学习中文，我心里真是感慨万千啊。

特别有意思的是，他从小就坚决不吃妈妈做的波兰饭，只吃我天天从家里带的中餐。他每次从波兰回来我都问他：怎么这么瘦啊？他总是可怜巴巴地说：没有中餐啊。特别好玩的是，他随我纯粹的北方口味，爱吃烤过的黑窝头，就着小干鱼，吃得津津有味。一想起那么一个皮肤白白、头发黄黄的小老外在啃中国的窝头，我

就觉得特别乐！（笑）

我是那种不用扬鞭自奋蹄的人，责任感特别强。对于我来说，这对波兰夫妇把孩子交给我，就是对我的最大信任，我得把他教出个样子。况且人家家里也不富裕，是按小时给我付费的。他的父母为了留住我，每年给我三个月带薪假期，待遇和公立学校的老师差不多。他们说如果我离开了，就找不到更好的老师了。每当我有其他工作机会时，就问什么时候可以离开，他们总是回答：至少到Leon上大学，如果我愿意可以一直留在他家。我想坏了，我走不了了，从家教做成了中国奶奶，如果长寿说不定还要做他的人生导师呢。(笑)

（三）50多岁开始学英文

◇ "我是比较喜欢接受挑战的那种人，不畏艰难，不墨守成规。我老觉得，当你有能力飞时一定要努力去飞，你不能飞时就走路，不能走路时就要去爬，不能无所事事，悲观失望、怨天尤人。"

这些年，除了教中文，我最重要的一件事情就是学英文了。

我刚来美国时英语很烂，只会说一句：We are friends。我表妹是大学英语老师，临上飞机前，她教我一句英文：No English（不懂英语），以备我遇到问题时可以用到。(笑)

到了美国后，因为英语不好，真是寸步难行啊。在那个中国医生家上班时，我每天坐完汽车要倒火车，但第一次不知道怎么坐火车。当时我不会说"take train"，周围又没有中国人，只好连比带划，还好司机听明白了，他问是否要坐火车，顺便送我过去。有个好心的黑人女孩专门送我过去，但是火车来时，我除了说一句"Thank you"，啥也不会说。

还有一次，我到法拉盛找工作，儿子写好了怎么坐车，但我不知道纽约的地铁还分快车和慢车，在法拉盛坐了一站就下来了，出来后发现不对，就问了好多人，一个韩国小伙子把我送到了火车站。当时是二月份，下着大雪，我刚从国内过来不久，根本不知道纽约的冬天有多寒冷，还穿着呢子外套和裙子。等了半天，火车站一个人都没有，车也没有。好不容易看到一列车过来，我已经冻迷糊了，赶紧往前冲，突然感觉有人在后面拼命拉我腿，吓死了！回头一看，原来是个流浪汉！他之前一直蜷在破麻袋里，我没看见他，但他听见了我和韩国小伙子的对话，知道我上错车了，一直摇头说"No"。见我很怕他，就自动走开了。

当时天寒地冻的，我冻了好几个小时，都产生幻觉了，觉得自己就是《安徒生童话》里那个卖火柴的小女孩，快要冻倒在雪地里了。迷迷糊糊中，我感觉有人从天桥走过来。等我睁开眼睛后，发现有个人端着一杯热咖啡过来了，原来还是那个韩国小伙子！他走了一段时间后，突然想起火车时刻表改了，我英文又不好，天气又这么冷，怕我出问题，所以又折回来了。他一直陪我等，直到火车来了把我送上车，给我儿子打了电话才离开。那天真是碰到好人了，不然自己恐怕真的要成为卖火柴的老女人了！回到家里，已经近凌晨两点了，儿子看我冻得脸色发紫，吓坏了。

英文不好在美国生活真的很不容易，从那以后，我就想着要好好学英文。2009年春我在法拉盛报了英文班，买了金卡，周一到周五，任何时段任何课程都可以上。

我一周工作5天40小时，剩下学英语的时间并不多，但我想，要想学好英语，一周最好也要40个小时。那时我每天下班后赶两小时路程去上课，从晚6:30学到9:30，五天共15小时，星期天上一整天，从来没有休息过。然后就琢磨着如何利用好上下班途中的时间。我工作的地点在新泽西州，但住在纽约法拉盛，每天往返要4个小时，一周下来刚好有20个小时。我当天上的课就在路上复习，这样就保证了每周40课时的学习计划。我家里人都说，没见你学习，怎么英语进步那么快。他们不知道，我在上下班路上下了多少功夫！（笑）

因为地铁相对平稳，可以看书，所以这么多年来我在地铁里从来舍不得睡觉，觉得那是浪费生命。但在公交车上一看书就想吐，既然不能看书，我就想着不能浪费掉这段宝贵的时间。看周围的乘客都是老外，就主动和他们聊天，练习口语。因为我常年坐下午四点半的公交车，因此和每个人都很熟了。每天一上汽车，司机就会领着大家一起喊：Ping！我就在车上给他们唱中文歌，大家聊得都很开心。有一天上车时他们突然改了词：Ping! Happy Birthday! 我感动得泪眼汪汪，至今都不明白他们是怎么知道我的生日的。

每年中秋节，我都带一盒40元的月饼，大家分着吃。盒了上印着中国古代四大美女，我就试着讲这些故事给他们听，看着他们脸上的表情，我觉得他们能听懂大概意思，心里别提多高兴了！司机也很开心，啥都跟我说，我也趁机和她练口语。她女儿举办订婚仪式时，还邀请我参加。一段时间不见，她就夸我的口语"much better"，还热心地张罗要给我介绍男朋友。（笑）现在知道我的口语是怎么练出来的吧，我有一帮美国陪练啊。

其实我的语言环境一点也不好，我虽然在英文环境里工作，但人家花钱雇佣的是中文老师，他们希望我用中文跟他们交流，所以我也经常抱怨没有机会讲英文。在这种情况下就要动脑筋自己创造机会。我觉得学英文除了保证时间和练口语外，心态也很重要，我的体会是英文再烂老美也不会笑话你，只会帮你。我们班里的同学大多是教育和家庭背景很好的年轻人，常年坐在那儿学。在一次场景练习中，我描述自己的性格是easygoing（随和），那个水平最高的同学说你是talktive（健谈）。我一阵惊喜：我的英文水平真的提高了！最近我在学前缀、后缀和俚语，每当学到新的单词时，如果它是书面语言，我总要想着口语怎么说，有没有固定搭配。我是比较喜欢接受挑战的那种人，不畏艰难，不墨守成规。我老觉得，当你有能力飞时一定要努力去飞，你不能飞时就走路，不能走路时就要去爬，不能无所事事，悲观失望、怨天尤人。

按我过去的个性，英语水平应该更高些，可去年身体不太好，课时数降下来了。今年四月，我又在Monrce college报了ESL (English as Second Language) 班，想进一步提高听力和写作能力。那段时间，每天回家都要先写一段英文，然后在电脑上用翻译软件，对照着看看错在哪儿。我现在不管在任何地方只要看到英文都要下意识地读一遍，包括广告文字，不懂的就用手机拍下来，拿到学校问老师。我儿子经常开玩笑说，人家学六年英文研究生都毕业了，你怎么还在基础语言学校啊？我心想：谁让咱50多岁了才开

始学呢，也许晚年我真的有事做了。(笑)

前段时间我陪着朋友去一个金融公司咨询业务，老板觉得我会英文，性格随和，又善于沟通，当场说希望我去他那儿上班。当时我想：我都这个年纪了，还是保重身体要紧。再说我上班挣钱的动机并不强烈，我觉得钱够用即可。我儿子是金融博士，收入在美国还算可以。他一直不想让我去上班，承诺每年报销我的旅游费用，我挺知足的。虽然我没去金融公司上班，但我觉得自己的口语得到了老板的认可，还是挺开心的。

在美国，人们了解你的英文水平首先是从你的语音、语调来判断的，所以初到美国的中国人，一定要先好好模仿当地人的口音，尤其是黑人的发音非常漂亮，尽量模仿他们的音高和节奏。即便你的英文水平很一般，他们也会觉得你说的调和他的是一样的，才愿意跟你聊。至于你说的单词他是否能听懂，那是下一步的事了。(笑)我英文水平一般，但我能把有限的单词用美国人的腔调讲出来，所以容易得到认可。最近彭丽媛访美，在联合国教科文大会上用英文发表演讲得到好评，就属于这类实例。

学英语这么多年，我觉得思维是最重要的，要尽量按照美国人的思维去表述，这样学起来会快点。我有个同学，在国内是大企业的部门主任，学英文很认真，但是说话老是绕来绕去，让人搞不懂。我就告诉她，老美说话喜欢先讲最重要的，然后再做解释，而且一定要直接，不要绕来绕去。我每次跟她说话都提醒：先说最主要的。吓得她见了我一说话就紧张。她说：说了一辈子北京话，到你这儿就磕巴了。(笑) 我表妹是大学里的英文教授，我在微信里写英文和她交流，而且回复得很快。她惊呼：I can't believe it！

她一直以为我在美国待长了会讲一些英文,但不一定会写,没想到我写得还行。(笑)

英文学到我这份上,越来越觉得不知所措。有时觉得后悔,学了这么多年原来常用的就那么十几句,单词量超不过300个。有时又觉得它像一条蛇,滑来滑去抓不住,有些意思的表达没有固定说法,全看当时语境背后的意思,这就得看你对西方文化的了解程度了。我想我这个年纪搞懂一个背后已经用上吃奶的劲儿了,再想弄懂它背后的背后已经是不可能了。(笑)

(四)美国是个比较简单的社会

◇"如果你在国内没有一定的生存技能和全面的生活积累,建议不要到美国来,不论你有没有钱。一项生存技能的掌握,证明你有足够的耐心和毅力去做任何事情,这在美国非常重要,无论你在什么岗位都要靠真本事打拼,一切关系和投机在这儿都会失效,这与智商没有关系。"

在美国生活了这么多年,我的生活习惯、思维和观念也有了许多变化。

刚来时我经常会得到热心人的帮助。一次我在公交总站买票时,发现钱包不见了,急得抓耳挠腮。旁边一个女人见了,给我5块钱,还问我:够吗?还有几次在地铁里,卡怎么也刷不了,身后有人说,go through(过去吧),然后就帮我刷了。这就是我特别喜欢美国的地方,人与人之间,哪怕是陌生人之间,基本都不需要防范，可以放心地去信任对方。这儿的社会比较和谐，人与人之间是正常的关系，不是攀比关系。在国内如果你穷，没有人愿意帮你，甚至还笑话你；如果你富有了，他们又嫉妒你。

美国也是个特别简单的社会，大部分都是过正常日子的普通人，每天把该做的事情做好，就很 ok 了。他们很注重家庭生活，如果谁家蛋糕做得好，就四处打电话和大家分享配方；如果谁家有什么喜事了，就写成牌子贴在自己的车上或是放在自家前院向人们炫耀，才不像国人那么关心政治和国家大事。更不像我们中国人的父母，教育孩子一定要成功，出人头地。这种成功学教育的背后是不正常的人生观，因为世界上大部分都是普通人，大家把自己的份内事和眼前的每件事做好，就是算成功了。

在美国，人与人交往也特别直接，心里想什么就说什么，从来不绕弯弯。而中国人是心里想的不说，或者心口不一。我年轻时说话很直，不懂圆滑，在旁人眼里就是那种特别不会处理人际关系的人，所以我在国内时从来没有得到过有名额限制的好处，什么评奖啊涨工资啊。好玩的是到美国后，我反而成了美国人眼中特别懂人情世故的人了。我的美国朋友的儿子要过生日，我就买张生日卡，上面写了我俩的名字，他就感动得不得了。不是我懂人情世故，而是美国人实在是太简单了。(笑)

现在熟悉了这儿的生活，总想着有能力后怎么回报这个社会。我每天上班时在曼哈顿的汽车总站转车，只要看见有人面有难色，就会像以前帮助过我的那些人一样，主动施以援手，甚至亲力亲为带他们去买票、去搭车，甚至去厕所……只要有机会，也经常想着去做义工，每年报税表时尽量诚实，不隐瞒不漏报。在这儿，我的朋友有来自约旦、阿尔巴尼亚、俄罗斯、意大利等地的，与他们交往时从不问年龄、收入、宗教等私人信息，更不能向他们无缘由地诉说你的烦恼，人家不是咱的垃圾桶啊。也不要随便送他们礼物，他们认为这是给他增加心里负担，除非你送吃的，这是增进友谊最保险的方式。

以前我有个很富有的朋友，为了表示友好，经常给我的学生送东西，劝她多次就是不听，直到有一天她亲眼看见自己送的名牌牛仔裤被整齐地放在垃圾房里，连标签都没拆，才知道我说的是真的。总之，这儿与国内的很多地方绝对不一样，既然留下来了就要入乡随俗，让美国人逐渐接纳你、尊重你。如果每个中国人都能做到这些，在美国才会有真正的社会地位。

以前在国内总说做什么事要讲政治，要爱国，觉得很抽象，与自己无关。到美国后突然觉得掉进了国际人海里，不知所措，但有一点很清醒，我不能随心所欲，因为在这儿我的名字叫"中国人"。是啊，人家老外怎么知道你这个人的名字呢，都是说这个中国人怎样，那个中国女人怎样。

有一次，我看老板的毛衣破了，就主动给他补上了。他左看右看，不知我用了什么魔法补得一点没有破绽，说：中国女人的手真是太巧了。然后给了我大大的奖励。还有一次，我给 Leon 的被子上缝了一个扣眼，他的妈妈不相信我是用手工做的，就让我在视频里展示给她的波兰亲戚看，他们惊奇地说我的手工扣眼比机器做得漂亮多了。他们不知道我小时候还用这项技能挣过钱呢。（笑）

在美国有个不成文的规矩，女人上班不能穿前一天的衣服。我就天天捯饬那些从国内带来的衣服，搭配款式颜色，还要符合我的年龄和职业，因为我上班天天要穿过曼哈顿的交通中心，不能让那些老外看不起咱。在一个地方久了就经常有人过来搭讪，问我的毛衣从哪儿买的，甚至还托我从中国买衣服呢。

不管谁家请我参加聚会，我都要展示厨艺。我的刀工不错，会片着切斜着切，饺子也包得贼快，还会做漂亮的果盘。现在美国很多男人都知道中国女人厨艺了得，我想这里面也有我的一份功劳吧。（大笑）

有几次，我在地铁里看到有人演唱意大利歌剧、表演芭蕾舞，别人只给1块钱，我给5块钱，他们在麦克风里说感谢中国人的理解和支持。那一刻我觉得特有国际范，代表了中国人。不管我个人怎么能干，从来没有人说出我的具体名字，只说这个中国女人如何如何能干。这样，在我的潜意识里，总觉得自己的一举一动都代表着中国的形象，咱可不能因为个小人物的失误影响了国家的名誉。（笑）

这些年的体会是，如果你在国内没有一定的生存技能和全面的生活积累，建议不要到美国来，不论你有没有钱。一项生存技能的掌握，证明你有足够的耐心和毅力去做任何事情，这在美国非常重要，无论你在什么岗位都要靠真本事打拼，一切关系和投机在这儿都失效，这与智商没有关系。这就是为什么聪明的中国人干不过相对笨的美国人，后者的耐心、毅力和体力的确需要国人好好反思。美国男人里里外外都很能干，手巧得不得了，女人一点都不娇气，有的是霸气和体力，反正我是拼不过他们，估计中国人中只有福州人可以与之相比。（笑）

虽然这些年在这儿很辛苦，但回顾这7年，我觉得很有意义。

我特别为自己感到骄傲的是：我没有做一件对不起国家、对不起别人、对不起自己良心的事，即便在最困难的时候。我用自己在国内练就的劳动技能以及多年的文化积累，养活了全家和我自己，培养了一个优秀的金融学博士。更重要的是，我用有限的能力全力推广中国文化，用自己的智慧、能力、形象证明了中国女人绝对不输给任何一个国家的女人。

最后我想用我的一个前雇主写的推荐信来结束这次采访：王小萍女士用她的能力解决了我女儿每一个独特的和具体的需求，并进行了很好的沟通，而这绝对是难以置信的。我的女儿和我们始终百分百地信任她。更有甚者，她一直是一个称职的专业教师，具有较强的职业道德。她不仅有开朗、友善的个性，而且参与了许多跨文化的沟通和交流……

访谈手记：

2014年12月某天，我在纽约42街的公交车总站偶遇小萍。她穿着齐膝的呢子裙，背着硕大的双肩背包，头发有点凌乱，显然刚从外面进来。见了我，她高兴地和我打招呼。突然，她说"我去喝点水"。然后直奔到水龙头，拧开，连灌好几口，抹抹嘴，又回来了。

刹那间，我全身哆嗦了一下——那可是纽约的冬天啊，外面寒风怒号，天寒地冻，水龙头流出的水也冰冷彻骨。我问："小萍姐，冬天你还敢喝凉水呀？"

"有啥不敢的，在美国生活一年四季都喝凉水！"她告诉我，刚到美国时，她胃不好，只能喝热水，到哪都要带着保温杯，后来觉得不方便，就学美国人喝凉水了，胃居然也不疼了。"什么都是练出来的，在这里生活就不能娇气，要皮实！"

五十知天命。在一般中国人眼中，50多岁的人，特别是女人，就应该打打太极拳，跳跳广场舞，侍弄侍弄花草，臣服岁月，为进入老年生活做好准备。任何的折腾，都是没有自知之明的。谁敌得过无情岁月呀！

但是小萍不一样。她虽然生活在小城市，但心很大——世界那么大，我想去看看！年轻时，她考音乐学院、考播音员，一次次对命运说不。50多岁来美国，饱经生活磨砺的她，依然保持着对世界的好奇心，依然愿意从头再来，掰碎自己重新塑造。

第一次见到小萍是在2013年春天。当时我刚到美国，和她一起在楼下等校车。我接的是闺女，她接的是自己的波兰学生。听着她用一口流利的英文和旁边的老外对话，心里好生羡慕。后来知道，她是50多岁才开始学的英语，从现在时、过去完成时一点点学起，从"banana"、"noodle"一个个单词背起，心里多了敬佩。

此后，每次学英语感觉"山重水复疑无路"想要放弃时，想到小萍，便立刻"柳暗花明又一村"了——一个大我十几岁、英语基础几乎为零的大姐，尚且能把英语学成这样，我有什么理由放弃呢？可以说，在很长的时间内，小萍一直是我的一面镜子，照着照着，我看到了自己遇难则退的不堪本相。在惭愧的同时，也警醒了自己。

每次见到小萍，她总是化着恰到好处的淡妆，衣服虽不华丽却很得体，看上去优雅从容，气质不凡。早些年，为了攒钱给儿子交学费，她好几年都没买新衣服，穿的还是国内带来的衣服，但那些衣服穿在她身上，依然经得起岁月的淘洗，自有一种古典的美丽。她喜欢穿裙子，冬天的时候，依然一袭长裙，配着一抹红得恰到好处的口红，疾疾走在异国他乡的街头，该是一幅多么动人的风景啊。每次看到她，我都在想：一个智性始终在成长的女人，虽然没有年轻的容颜，但依旧美丽迷人，她的美是从内向外溢出来的。

年轻时的小萍，经历了很多人生的磨难：母亲的早逝、家庭的变迁、工作的不顺、婚姻的不如意，但她依然孜孜不倦地追求不改初衷，始终保持一颗温暖和明亮的心，愿意向别人敞开，也愿意接纳别人。她是坦率的，采访过程中，知无不言，言无不尽，一点也没有国人常有的"犹抱琵琶半遮面"的隐晦和含蓄；她是勇敢的、理智的，做任何事都那么执著认真，我觉得这是她独有的迷人的特质。

我相信小萍姐的人生下半场会更精彩，晚年会很幸福，因为经过试练以后，必得生命的冠冕。上帝从来不会偏待任何一个人。

后记

当记者14年,写过无数文字,但多数时候是为稻粮谋,或者出于自不量力的济世情怀。其实,我最喜欢的,还是倾听和记录普通人的故事。

在我看来,每个平常的人都是一条河流。平静如水的下面,其实涌动着无声的激流。在不长不短的一生里,我们每个人要翻过多少高山,走过多少低谷,涉过多少险滩,才能百川归海,进入祥和的永恒。但凡深入进去,每个故事都惊心动魄,每个转折点都扣人心弦。

这本书的写作,满足了我由来已久的愿望。

采访的过程是快乐的,每个采访对象的经历、性格、思想都如此不同,分享他们丰富的人生,无疑让自己也能得到滋养和激荡。但是,写作的过程却如此痛苦。很多时候,面对记得密密麻麻的采访本和多达十几个小时的采访录音,我的脑袋"嗡"地一下就大了,总要不断说服自己,才能安静在电脑前,敲下第一行字。

曾经有朋友问我:你为什么不去写一本类似《到美国生娃》之类的畅销书,而是采写没有太多市场价值的普通人的故事?我告诉他:人生行至不惑,实在不想取悦这个世界,只想取悦自己。在我看来,世间所谓的成功和荣耀,不过是刹那幻影,而内心的宁静与甘美才是恒久的。

如果碰巧你在阅读本书时也能感到几分愉悦,或有些许所得,那么谢天谢地,你来了!

一本书的出炉并非偶然,背后总是凝结着很多人的支持和帮助。在此,特别感谢最高人民检察院信息中心主任赵志刚先生,他聆听了我最初的写作构想后,以一个资深媒体人和出版人的丰富经验,给了我诸多建议,并承揽了一切出版事宜,使本书得以顺利面世;感谢为我写序的东方涂钦先生和邝治中先生,他们理解我初到美国"无知者无畏"的天真,以及经验不足的仓促,在百忙之中俯身为我作序。特别是邝治中先生,他用学贯中西的渊博知识和严谨的治学经验,对我的写作提出诸多良好建议;感谢我的朋友金梅津女士,她在我外出采访无暇顾及女儿时,无私地帮我照顾孩子;感谢我的好朋友徐蕾女士,她总是一如既往地激励我,每次和她聊完天,感觉万物生长,满血复活；感谢我的先生陆则敏，他在我沮丧的时候不断鼓励我，给了我前行的信心和勇气；感谢我的女儿春晓，她如此聪慧懂事，从她不经意的话语中，脑乱如麻的我总能感觉到醍醐灌顶的清凉和美妙。

最后，要特别感谢本书的责任编辑张谦女士以及负责装帧设计的张金亮先生，他们为本书的顺利面世付出诸多辛劳。

我希望，这本书仅仅是个开始。我愿意继续保持好奇心和慈悲心，去静静打量这个翻云覆雨的无常世界，然后告诉你我的看见。这，就是我活在天地间的最大"野心"。